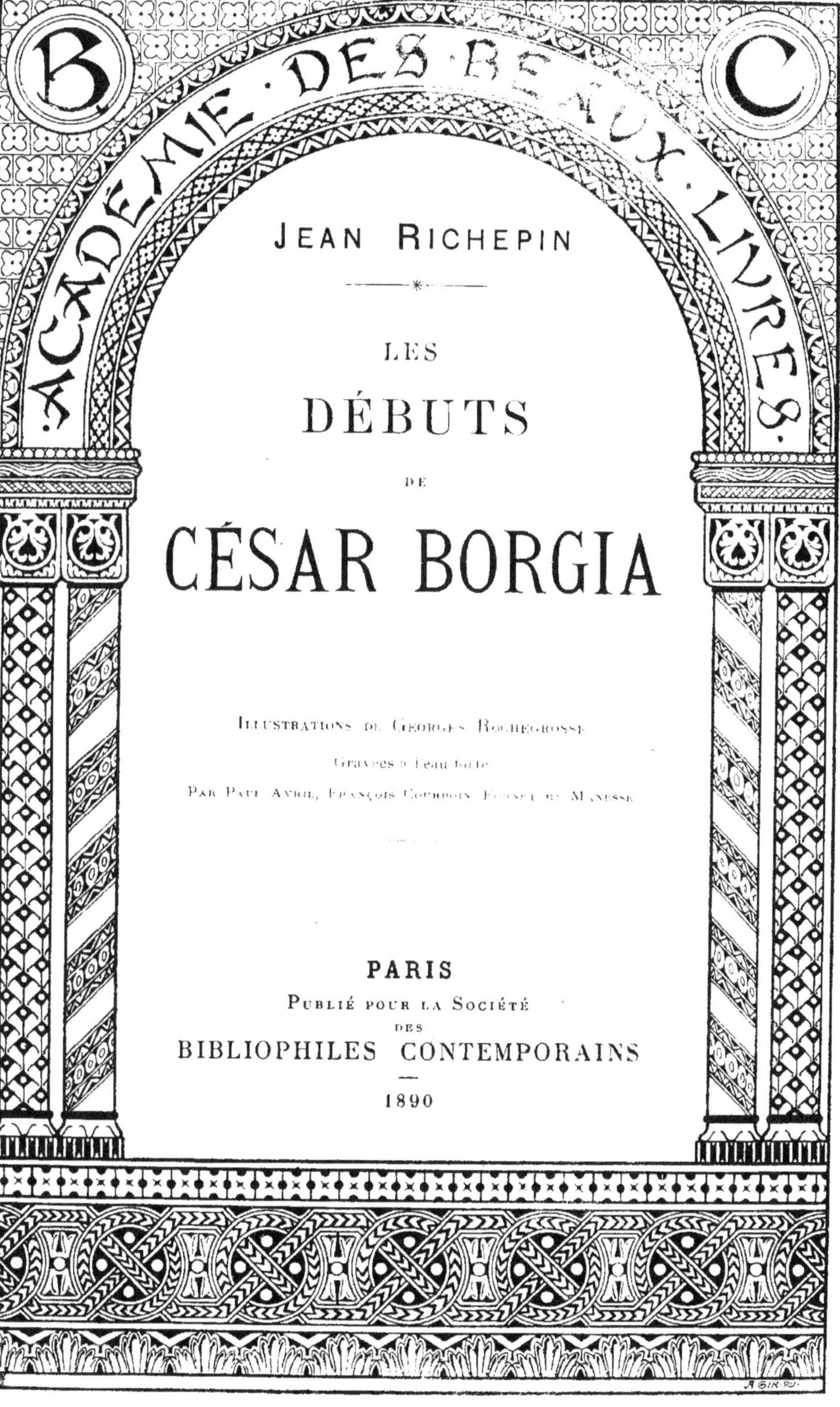

JEAN RICHEPIN

LES
DÉBUTS
DE
CÉSAR BORGIA

ILLUSTRATIONS DE GEORGES ROCHEGROSSE
Gravées à l'eau-forte
PAR PAUL AVRIL, FRANÇOIS COURBOIN, BOISSET ET MANESSE

PARIS
PUBLIÉ POUR LA SOCIÉTÉ
DES
BIBLIOPHILES CONTEMPORAINS
1890

LES DÉBUTS

DE

CÉSAR BORGIA

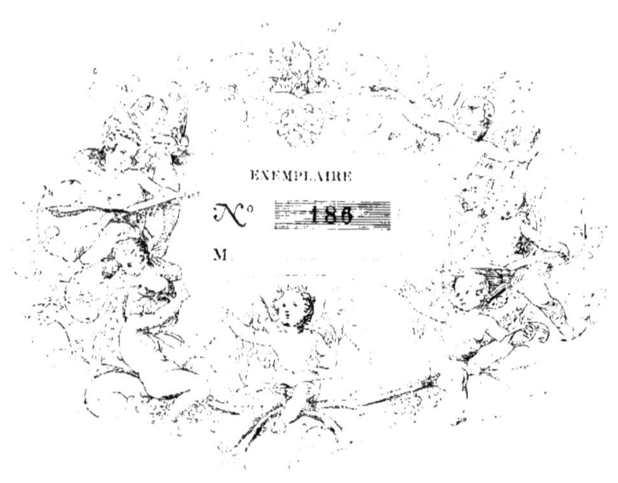

LES ILLUSTRATIONS DE CET OUVRAGE

ONT ÉTÉ COMPOSÉES PAR

GEORGES ROCHEGROSSE

ET

Gravées à l'eau-forte

PAR

MM. PAUL AVRIL, F. COURBOIN, FORNET ET MANESSE

JEAN RICHEPIN

*

LES DÉBUTS DE CÉSAR BORGIA

PARIS

Publié pour la Société

des

BIBLIOPHILES CONTEMPORAINS

1890

Paris, ce 13 d'octobre 1890

A Messieurs
        Messieurs les Membres
de l'Académie des Beaux Livres.

        Messieurs,

        je serais le plus ridicule des
fats & tout à fait indigne de votre
spirituelle & distinguée Compagnie
si je m'allais mettre en la cervelle
qu'à mon humble mérite revient
le vif & singulier & inestimable
honneur dont vous avez bien voulu

me favoriser en choisissant un de
mes ouvrages pour inaugurer la
série de vos précieuses éditions.
Je prends au contraire la chose de
la sorte qu'il faut la prendre, me
semble-t-il, c'est à dire en toute
simplesse & modestie, & n'ignorant
pas qu'au front d'une armée on
ne voit point à l'ordinaire parader
le maréchal qui la commande ni
flotter le drapeau qui la rendra
glorieuse, mais qu'on y cherche &
regarde tout bonnement le haut
tambour-major qui la précède,
personnage de luxe & de parade,
admiré beaucoup moins pour sa
valeur intrinsèque & même pour
sa taille que pour son uniforme
aux somptueuses dorures & pour
le flamboyant & superbe &
superlificoquentieux panache dont
il est fleuri. Tel je me considère,

sous le riche & rare costume dû
à votre munificence & confié au
goût merveilleux de notre très cher
président Octave Uzanne, & telle
s'épanouit ma tête, ou du moins la
tête de mes chapitres, voire leur
queue, illustrée par l'ingénieuse,
érudite & lyrique imagination de
mon ami le maître peintre Georges
Rochegrosse. Si bien que du coup,
vrai tambour-major, orgueilleux
je me redresse, me trouvant beau,
& en grandes phrases voici que je
fais mouliner ma plume comme
lui sa canne en grandes rosaces,
afin que tous les tambours de ma
gratitude battent aux champs
devant votre générosité, qui assure
à mon petit livre l'heureux sort
d'un chef-d'œuvre, j'entends chef-
d'œuvre typographique ; de quoi

je me proclame fier & joyeux, ayant
par là quelque chance d'arriver à
la postérité pour peu qu'on y prise
encore les belles choses, & de quoi je
vous offre donc mes remerciements
sincères, en vous priant,
Messieurs
& très aimables Collègues,
de vouloir bien agréer la très
cordiale expression de mes meilleurs
& tout dévoués sentiments,

Aug. Jeanrichepin

CHAPITRE I

UN SOUPER CHEZ LA MAÎTRESSE DU PAPE

CHAPITRE I

Un souper chez la maîtresse du pape.

LE mercredi 14 juin 1497, la vieille maîtresse d'Alexandre VI, la mère des quatre enfants du souverain pontife, madame Vannozza Catanei, donnait une fête de famille dans son vignoble de Saint-Pierre-aux-Liens.

Le prétexte avoué de ce souper était de féliciter le fils aîné, François, duc de Gandie, qui venait d'être nommé par son père duc de Bénévent, comte de Terracine et Pontecurvo, et en même temps de souhaiter un heureux voyage au cadet, César, archevêque de Valence et cardinal, qui devait partir le lendemain pour assister, en qualité de légat apostolique, au couronnement de Frédéric, roi de Naples.

En réalité, madame Vannozza tenait surtout à réconcilier les deux frères, qui, depuis quelque temps, se voyaient avec une grande froideur, à cause de la sourde envie que César nourrissait contre François. Elle affectait de souffrir beaucoup d'une telle inimitié, quoique, au fond, elle fût du parti de César et trouvât que le pape favorisait trop son fils aîné. Elle préférait César, dont l'ambition féroce et le caractère orgueilleux plaisaient à son cœur de Romaine. Elle était fière de lui voir des appétits démesurés et de se sentir petite devant lui. Elle lui gardait une vivace reconnaissance du soin qu'il prenait sans cesse de la faire respecter et de punir impitoyablement quiconque ne la traitait pas en souveraine.

A l'époque de l'occupation de Rome par Charles VIII, elle avait eu son palais pillé par les Français; et, comme elle voulait en tirer vengeance, François lui avait répondu tranquillement que c'étaient là des accidents inévitables pendant une guerre, tandis qu'au contraire César avait fait aux étrangers tout le mal possible au moyen de ses coupe-jarrets. Elle avait mesuré sur cette différence d'opinion la part d'amour qu'elle donnait à ses fils. Elle ne réservait à François qu'un peu de l'affection naturelle à une mère pour son enfant; mais elle gardait pour César la passion d'une femelle pour son petit. Elle était la confidente des plaintes et des récriminations qu'il exhalait perpétuellement contre son père; elle l'encourageait dans les espérances les plus folles, et allait même jusqu'à excuser les sous-entendus criminels qu'il ne craignait pas de manifester quand il parlait haineusement de François. Aussi est-ce pour

obéir aux ordres de son Benjamin qu'elle avait ménagé cette entrevue à Saint-Pierre-aux-Liens : César
avait déclaré qu'une dernière conférence intime
avec son frère lui était nécessaire avant de
prendre un parti qui mettrait fin à cette situation
ambiguë.

A ce moment, d'ailleurs, la discorde était à l'ordre
du jour dans la famille des Borgia. Outre la brouille
des deux fils aînés, il y avait une colère générale
contre la fille, l'enfant adoré de la maison, madame
Lucrèce. Par un caprice digne d'une jolie femme,
mais indigne d'une Borgia, elle avait soustrait son
mari, Jean Sforza, au stylet de César. Ce mariage
n'étant plus jugé convenable pour elle, on avait résolu
l'assassinat du malheureux seigneur de Pesaro, et le
pape n'aimait pas qu'on vînt se mettre en travers des
condamnations qu'il prononçait. Or Lucrèce avait eu
la singulière fantaisie d'avertir Sforza, qui s'était
sauvé à Pesaro d'une seule traite en crevant son cheval et qui se moquait là-bas d'Alexandre VI.

En vain celui-ci avait rompu le mariage ; le mari
vivait toujours. On en voulait terriblement à Lucrèce
de cet enfantillage qui compromettait des projets merveilleux et qui laissait subsister un homme gênant.
Lucrèce, en fille gâtée qui s'amusait encore à résister
aux vœux politiques de sa terrible famille, avait
regimbé sous les reproches et s'était enfermée depuis
le 4 juin au couvent des nonnes de San-Sisto, sur la
voie Appienne. Elle ne jugea pas à propos de quitter
sa retraite et de mettre fin à sa bouderie pour répondre
à l'invitation de sa mère.

Quant à Alexandre VI, il était alors furieux et
contre sa maîtresse et contre tous ses enfants, à l'ex-
ception du duc de Gandie. Il permit cependant à son

plus jeune fils Jofré, prince de Squillace, d'assister avec la princesse dona Sancia au souper de Saint-Pierre-aux-Liens ; mais c'était surtout pour savoir par eux ce qui pourrait se dire ou se faire chez Vannozza. Lui-même refusa d'y aller.

Il avait pour cela de bonnes raisons. D'abord il craignait le caractère emporté de sa maîtresse, dont il avait tant de fois subi les invectives à propos des faveurs qu'il prodiguait à François au détriment de César. Puis, au fond du cœur, il avait peur de César lui-même, envers qui il se sentait coupable d'une certaine injustice. Il préférait en effet son François, qui lui ressemblait beaucoup plus par la figure et par l'humeur. Comme lui, François était beau, enjoué, aimable ; il avait cette aisance affable qui avait fait la fortune des Borgia ; il montrait les qualités d'un joyeux jeune homme, qui ne serait jamais pour son père qu'un compagnon de plaisir et non un rival d'ambition.

César, au contraire, manifestait déjà une terrible soif de pouvoir. Ce cardinal de vingt et un ans, quoique livré à tous les vices, possédait aussi toutes les vertus qui font arriver à la domination. Il sortait des orgies avec la pensée nette, ne s'abandonnait point, ne perdait jamais la conscience de sa volonté, et paraissait plus âpre encore aux honneurs qu'à la débauche.

Il était aussi beau que son père et que François, mais non de la même beauté sereine et douce. Il portait plus qu'eux dans sa physionomie la marque de leur origine espagnole, quelque chose de dur et de sombre. Son visage n'était pas de marbre doré comme le leur, mais semblait taillé rudement dans la pierre fauve d'une sierra. Ses manières, d'une politesse exa-

DE CÉSAR BORGIA.

gérée, sentaient la contrainte. On
voyait qu'il voulait être aimable et qu'il
s'efforçait pour le paraître. Sa gaieté iro-
nique et brillante couvrait une humeur vio-
lente, entière, farouche, comme son pourpoint
de soie cachait une cuirasse d'acier. Abusant de
l'habitude qu'on avait alors de porter le loup, il ne
se montrait jamais à face découverte et ne laissait
voir de lui que ses yeux jaunes, striés de filets san-
guinolents, luisant comme deux braises dont il étei-
gnait l'ardeur. Son caractère ressemblait à son visage ;
il s'obstinait à rester masqué. Un tel homme ne pouvait plaire beaucoup à Alexandre VI, qui, au contraire, avait une nature joviale et toute en dehors.

Alexandre VI n'avait désiré la suprême puissance
que pour jouir de la vie largement, et il aimait sa
robe de souverain pontife surtout parce qu'elle était
le vêtement dans lequel ses passions pouvaient se
pavaner le plus à l'aise. César, lui, voulait le pouvoir,
et sa passion maîtresse était la domination. Il avait
choisi pour devise : *Aut Cæsar, aut nihil*. Il dissi-
mulait ses désirs effrénés aux yeux du monde ; mais
il leur lâchait la bride devant sa mère et il les laissait
montrer le bout de l'oreille devant son père. Il disait
volontiers en famille qu'à l'heure présente, et dans
un pays comme l'Italie, un homme fort avait le droit
de tout oser. Il reprochait parfois au pape d'être un
vulgaire ambitieux qui n'avait recherché que la satis-
faction de ses plaisirs, et il traitait railleusement de
petit parvenu cet ancien juriste et soldat qui se contentait d'être souverain pontife. Il trouvait qu'il y
avait mieux à conquérir que le trône de saint Pierre.
Un de ses mots favoris était qu'il regrettait d'être
athée, ce qui l'empêchait d'aspirer à devenir Dieu.

Vannozza se pâmait d'admiration à ces boutades

d'orgueil insensé et caressait la
pensée d'être la mère d'un grand monarque après avoir été la maîtresse d'un
pape. Alexandre VI supportait impatiemment
ce qu'il appelait des fanfaronnades de jeune
homme. Mais, tout en feignant de les trouver
ridicules, il se sentait inquiet et troublé devant ce
cardinal de vingt et un ans qui, en parlant de l'avenir, prononçait le mot d'empereur. Aussi évitait-il
de plus en plus les occasions d'entendre exprimer
ces projets formidables. Voilà pourquoi il n'était pas
venu au souper de Saint-Pierre-aux-Liens.

César y arriva le premier, modestement suivi d'un
seul serviteur et vêtu d'un habillement sombre qui
lui assurait une sorte d'incognito. Il voulait ainsi
contraster avec son frère, qui se faisait toujours
accompagner d'une escorte nombreuse et qui aimait
à étaler pompeusement son faste.

— Comme tu es beau! lui dit sa mère, dès qu'il
entra, en le baisant tendrement.

Et de fait César arrêtait les yeux, quand il avait
ôté son manteau et son masque. Sa taille, admirablement prise, dénotait une force extraordinaire, par
l'opposition qu'il y avait entre ses attaches fines,
nerveuses, souples, et sa carrure solidement établie.
Ses épaules, presque trop larges, portaient un cou
énorme qui semblait appartenir au taureau soutenant
les armes parlantes des Borgia. Sa face, qui plus tard
devait devenir cramoisie et bourgeonnée, était alors
simplement colorée par un sang chaud, et en même
temps comme tannée et recuite dans la bile, ce qui
lui donnait un ton de cuivre rouge. Sa moustache et
sa barbe encore jeunes encadraient discrètement
cette chair vivace et ne cachaient pas la bouche aux
lèvres un peu pincées, aux commissures déjà plissées

DE CÉSAR BORGIA.

vers le bas, aux dents blanches
comme celles d'un dogue montrant ses
crocs. Les cheveux, noirs et drus, étaient re-
jetés en arrière et maintenus ainsi par la toque
de velours placée sur le sommet de la tête ;
mais sans doute ils formaient naturellement un
épi rebelle, qui tendait à revenir en avant, car
ils surplombaient un peu le front bas et large. Ils
n'avaient point de reflets bleuâtres comme la plupart
des cheveux noirs ; ils semblaient au contraire presque
roux, comme s'ils arrêtaient les rayons du soleil et
en gardaient les fils d'or. Mais toutes ces lueurs d'or
ou de cuivre éparses dans les cheveux, la barbe et
jusque sur la peau, se concentraient en quelque sorte
dans les yeux.

Les prunelles de César avaient réellement un
aspect métallique. On eût dit deux petites médailles
d'un amalgame étrange, sorte de bronze jaune plein
de paillettes plus précieuses. Tantôt ces médailles
étaient si éclatantes qu'elles avaient l'air d'accrocher
la lumière ; tantôt elles se ternissaient comme sous
le souffle d'une haleine. Ces yeux surtout faisaient
de la figure de César une figure inoubliable. Lui-
même les avait définis un jour en disant :

— Mes yeux sont comme deux stylets en or. Tant
pis pour celui-là qui est devant leur pointe quand ils
sont démouchetés.

A peine arrivé, voulant profiter du temps où il
était seul avec sa mère, César mit tout de suite la
conversation sur l'attitude qu'il fallait prendre avec
le duc de Gandie.

Au fond, c'est lui qui dictait toujours ses volon-
tés à sa mère ; mais il avait l'art de paraître la con-
sulter sur tout ce qu'il faisait, et pour cela aussi il
lui était particulièrement cher.

—Mon enfant, dit Vannozza, c'est
à toi de faire le premier pas vers François. Je sais bien que les torts viennent de
lui. Cependant, il faut le ménager : il est l'aîné
et le favori du saint-père.

— Je le recevrai à genoux, s'il le faut, répondit César. Toutes les allures sont bonnes et par
tous les chemins, pourvu qu'on arrive au but. Mais
à quel but voulons-nous arriver? S'il s'agit simplement de mettre ma main dans celle du duc de Gandie et de jurer que je l'aime plus que moi-même,
ce n'était pas la peine de nous déranger. Les pro-
testations d'amitié ne sont que du vent. Il faut des
actes à l'appui. Il faut que François me prouve qu'il
ne se met pas en travers de ma route ; et il s'y met,
tu le sais bien.

— Que veux-tu donc lui demander?

— Qu'il renonce à la vie séculière pour m'y faire
place, et qu'il prenne en échange tous les honneurs
ecclésiastiques qu'il plaira à notre père de lui donner.

— Mais c'est impossible, mon enfant. François
est marié, père de famille.

— Le saint-père est souverain. A quoi lui sert
d'être le vicaire de Dieu, s'il ne peut jongler avec les
sacrements? Il les a dans la main, qu'il s'en serve! Ce
n'est pas moi qui apprendrai au vieux singe à faire
des grimaces.

— Pourquoi blasphémer, César? Tu offenses la
Madone. Tu parles toujours comme si le diable était
en toi.

Et madame Vannozza, prenant de l'eau bénite
dans un bénitier aux pieds d'une petite Vierge d'ivoire,
se signa trois fois très vite. César eut un rire aigre.

— Le diable n'est pas en moi, dit-il; il est au
Vatican. C'est un bon diable pour mon frère, et

DE CÉSAR BORGIA.

mauvais pour moi. Pourquoi
François est-il gonfalonier de l'Église
quand je ne suis que cardinal ? Gonfalonier,
voilà ce qu'il me faut être. J'aurais des troupes
à commander, des batailles à gagner, des principautés à conquérir. Au lieu de cela, j'ai des
bénédictions à donner et de la théologie à entendre.
C'est François qui devrait être à ma place, archevêque et cardinal. Il a le geste gracieux, le parler
onctueux et doux, il est fait pour bénir. Moi, je suis
fait pour frapper. On me met la pourpre au dos, et je
la voudrais par terre, ruisselante, pour marcher
dedans. Nous avons déjà eu deux papes dans la famille, c'est plus qu'il n'en faut. Il est temps qu'il en
sorte autre chose, un homme d'épée, un César. La
terre ne manque pas en Italie pour se faire un royaume,
ni les hommes pour prendre la terre ; mais il manque
une tête pour la couronne. Cette tête-là, elle est sur
mes épaules. Seulement, mon père s'obstine à la cacher sous le chapeau rouge. Je ne veux pas rester
dans l'Église. Je veux être gonfalonier. Tant que mon
frère sera devant moi, je ne verrai pas l'horizon clair.
Il me bouche le jour. Il faut qu'il s'efface.

— César, tu me fais peur, comme à ton père. Tu
sais que je t'aime bien, moi, et que je te préfère à
tous. Mais François est de la famille aussi.

César sortit négligemment sa dague du fourreau
et dit, en appuyant la pointe sur son ongle :

— Eh bien ! la famille est trop nombreuse, voilà
tout.

Vannozza, terrifiée, se jeta au cou de César pour
le supplier en faveur de François, qu'elle sentait condamné. Mais en même temps, au fond d'elle-même,
elle ne pouvait s'empêcher d'admirer le fauve qu'elle
avait mis au monde. Même mordue par lui, elle aurait

été fière de lui voir de si belles dents.

— La Madone m'en voudra, dit-elle en se signant ; mais je te préfère quand même.

— Bah ! fit César, la Madone ne t'en voudra pas de préférer à tout ton fils bien-aimé. C'est ainsi qu'elle aimait le Christ.

— C'est vrai, répondit Vannozza ; et toi aussi tu es mon Dieu.

— Alors, ne me laisse pas mettre en croix par mon frère. Laisse-moi arranger les choses à mon gré, et, s'il arrive malheur, tu intercéderas pour le Dieu ton fils auprès de Dieu le père, j'entends celui du Vatican, qui est plus fort que l'autre, car il vit encore.

François arrivait à ce moment. César mit un genou en terre pour lui baiser la main et se releva en le serrant dans ses bras.

— Notre mère, ajouta-t-il, vient de me convaincre de mes torts envers toi. Je te demande pardon des mauvaises pensées que j'ai eues et de la froideur que je t'ai témoignée. Je ne veux pas partir en voyage sans l'assurance de ta bonne affection.

Les deux frères se baisèrent sur la bouche, à la mode romaine, et François montra toute sa joie de cette heureuse réconciliation. Il n'était pas méchant. Il ne se sentait coupable de rien envers César. Il n'était pas assez profond politique pour penser à Judas en embrassant son frère.

Le souper fut très gai. Seule, Vannozza garda un air soucieux ; mais elle le mit sur le compte de l'ennui qu'elle éprouvait à ne pas voir toute la famille réunie. François se montra tel qu'il était, d'une affabilité charmante qui aurait désarmé toutes les jalousies. César fut plus brillant encore que de coutume, plein de saillies, semant les anecdotes sur ses col-

DE CÉSAR BORGIA.

légues les cardinaux et même sur
le saint-père.

— Ma foi, dit-il tout à coup à son
frère, tu devrais bien être cardinal. Voilà la
vie qui te convient. Avec tes merveilleuses qualités, tu arriverais par là où tu voudrais, et sans
gêner en rien ton amour pour les plaisirs. Le père
vivra assez longtemps pour t'aplanir toutes les voies,
et je suis sûr que tu finirais par gagner la tiare. Ce
serait amusant de voir les Borgia papes de père
en fils.

— Et toi, répondit François, pourquoi ne songes-
tu pas à cet avenir?

— Moi, l'épée me va mieux que la crosse. Un de
ces quatre matins, je planterai là le Sacré-Collége
pour m'enrôler dans tes troupes.

— Franchement, tu aurais tort. Je crois que tu
ferais un mauvais lieutenant.

— Oui, mais je ferais un excellent capitaine.

La conversation continua sur ce thème, toujours
d'un ton enjoué ; mais il fut facile à César de se convaincre que François ne voulait pas renoncer au gon-
falonat et troquer son casque contre une mitre.
Quand il en eut la pleine certitude, il n'insista pas,
pour ne point éveiller la défiance de son frère, et il se
montra plus charmant que jamais. Vannozza elle-
même s'y trompa et crut qu'il avait abandonné son
sinistre dessein.

Après le souper, on se promena dans le vignoble,
où des torches de résine éclairaient çà et là des bos-
quets dans lesquels on s'asseyait par petits groupes.
César prit le bras de François et l'entraîna dans le
bosquet le plus éloigné pour causer seul à seul avec
lui.

— Et Lucrèce, lui dit-il, qu'en fais-tu?

François eut l'air embarrassé de cette question et répondit évasivement, en trempant ses lèvres dans un verre pour se donner une contenance.

— Oh! tu as bien tort de ne pas être franc avec moi, reprit César.

Et, vidant le verre que l'autre avait entamé, il ajouta avec un sourire équivoque, parlant à la fois du vin et de Lucrèce :

— Songe que nous avons bu tous deux dans le même verre, et que moi je n'y bois plus.

François n'était pas sûr de la véracité de César pour la seconde partie de cette phrase, et il regarda fixement son frère pour lui lire dans les yeux. Mais, à ce moment, César avait pris son regard terne, qu'un éclair de la foudre n'eût pas pu illuminer.

— Je te jure que je dis la vérité, reprit-il. Je suis brouillé avec Lucrèce depuis le mauvais tour qu'elle m'a joué en faisant évader son imbécile de mari. Un homme qui nous gêne pourtant bien !

— Tu étais jaloux de lui, dit François.

— Tu me crois donc bien fou! répondit César. Pas plus jaloux de lui que de toi, mon cher; car je n'aime pas Lucrèce, moi. Je trouvais seulement que ce mariage n'était plus suffisant pour notre sœur. Elle peut aspirer à mieux. Jean Sforza, seigneur de Pesaro, n'est pas le beau-frère qui nous convient. Lucrèce doit épouser quelqu'un de plus haute lignée, un prince qui puisse être utile à notre ambition. Voilà pourquoi je voulais débarrasser elle et nous de ce pauvre Sforza. Quant à toi, j'avoue qu'autrefois j'ai ressenti quelque peine de voir qu'elle te préférait à moi. Mais c'est une petite blessure d'amour-propre dont je suis guéri. Le principal, c'est qu'elle n'aime personne hors de la famille.

DE CÉSAR BORGIA.

Et, dardant ses yeux sur ceux
de François, il prit un temps de silence
pour dire tout bas :

— Est-ce que tu es jaloux du père, toi?
Les deux frères, confidents et complices d'un
tel secret, ne pouvaient avoir entre eux rien de
caché concernant Lucrèce, et François avoua qu'il
la voyait secrètement au couvent des nonnes de San-
Sisto.

— Eh bien! je suis content de cela, dit César.
Tu as raison de consoler la petite. Conseille-la
aussi. Il ne faut pas qu'elle s'avise de coups de
tête qui pourraient gêner nos desseins. Puisqu'elle
t'aime, fais-lui comprendre qu'elle nous appartient
et qu'elle doit, comme nous tous, s'employer seulement pour le bien de la famille. Dis-lui cela éner-
giquement, quand tu la verras. Tu la vois souvent,
n'est-ce pas?

— Je la verrai tout à l'heure, répondit François.
Je passerai la nuit à San-Sisto.

Quelques instants après cette conversation, les
deux frères avaient rejoint les autres invités, et la
fête reprenait une allure plus bruyante au moment
où l'on allait se séparer. On vidait les derniers flacons; on portait des santés; on souhaitait pour le
lendemain bon voyage à celui qui partait. Tout le
monde s'abandonnait à la joie, et Vannozza se félicitait d'avoir ramené la paix entre ses deux fils. Elle
pensait que César avait obtenu de François des assu-
rances suffisantes et renonçait à pousser la lutte jusqu'au fratricide. Elle en était heureuse et en remer-
ciait avec ferveur la Madone, devant laquelle elle ne
passait pas une fois sans courber le genou et se si-
gner dévotement. César était plein de prévenances
pour son frère, et il voulut aller lui-même régler l'or-

donnance du cortège qui devait accompagner leur retour à Rome.

— Laisse-moi faire, dit-il à François, qui s'opposait à cet excès de politesse. Le gonfalonier de l'Église mérite bien d'être servi par un cardinal. Je baise assez souvent la mule du père pour n'être point humilié en sellant celle du fils.

Il sortit sous ce prétexte, donna en effet un coup d'œil, et même un coup de main, aux préparatifs du départ, puis traversa la route déserte et pénétra dans une vigne en contre-bas où se trouvait une masure abandonnée. Un homme y faisait sentinelle dans l'ombre.

— Miguelotto, dit César, où est ton cheval?

— A trois cents pas d'ici, monseigneur, sous la garde du noir et de nos deux estafiers.

— Sauve-toi vite et va t'embusquer avec eux trois près de la voie Appienne, derrière le jardin des nonnes de San-Sisto. Je t'y rejoindrai. Nous aurons à travailler cette nuit.

— Bien, monseigneur. Le noir a son lacet et moi mes armes; et nos deux coupe-jarrets sont sûrs.

— Tu es toujours prêt à m'obéir, n'est-ce pas?... Quand même je te dirais de tuer mon père?

— Votre père? Non pas, monseigneur, car il est notre saint-père à tous, répondit Miguelotto en baisant un chapelet qu'il portait au cou.

— Toujours dévot! dit César en souriant. Tu ne te déferas donc jamais de tes simagrées espagnoles?

— Tant que votre père est là, je ne crains rien, monseigneur; il m'absout de tous les crimes, grâce à votre intercession. Mais, sans cette assurance, je ne ferais rien. Je ne veux pas être damné.

— Et s'il s'agissait de tuer quelqu'un de ma famille, tu refuserais donc?

— Non, si le saint-père me l'ordonnait.

— Eh bien! fais comme si j'avais l'ordre en poche; je me charge d'avoir la bénédiction après. Tu sais que tu peux me croire. Marche, dépêche-toi! Je le dirai là-bas qui nous allons délivrer des soucis de la terre.

Miguelotto s'inclina, baisa de nouveau son chapelet et s'enfonça au pas de course dans la nuit.

Miguelotto était le chef des sicaires de César et son âme damnée. C'était une sorte de zingaro, né en Catalogne au revers d'un fossé, dans une bande de ces chaudronniers et armuriers ambulants qui couraient l'Espagne en chantant, en trafiquant, en disant la bonne aventure, vivant de mille industries interlopes, sans compter le vol et même l'assassinat. A douze ans, il avait été mis en prison et converti violemment. Depuis lors, valet d'église, puis valet d'armée, il avait vagabondé au service de l'un et de l'autre et avait fini par devenir soldat ou plutôt sicaire aux ordres de César. Il avait aujourd'hui environ quarante ans.

Petit, nerveux, adroit, audacieux, gardant de son origine gitane la ruse, et ayant pris sous les armes l'habitude du sang versé, il ne reculait devant aucune action criminelle. Et cependant il était extrêmement dévot et superstitieux. Il n'avait peur de rien sur terre; mais il tremblait à l'idée de l'autre monde.

Avant de connaître César, sa vie était empoisonnée de remords, et il ne sortait d'un mauvais coup que pour entrer dans un confessionnal. Ce qui l'attachait à son maître comme un chien, c'est précisément la tranquillité de conscience dont il jouissait maintenant, grâce à l'absolution plénière que lui procurait

LES DÉBUTS

sans peine le fils du pape. César
ne lui marchandait ni les chapelets
bénits authentiquement par le saint-père,
ni les indulgences, ni une part dans toutes les
prières de l'Église; et Miguelotto commettait
ainsi les forfaits les plus abominables sans aucune
crainte pour son salut. César l'avait cuirassé contre
les remords.

Le noir était, avec Miguelotto, le meilleur serviteur de César. C'était un muet que le sultan avait
envoyé au pape, au temps de leurs relations à propos
de Zim-Zizimi. On eût dit un tigre apprivoisé. Il ne
connaissait que son maître César et son compagnon
de cage Miguelotto. Mais il n'avait pas l'intelligence
de l'Espagnol, à qui l'on pouvait confier une entreprise
à mener.

Ali obéissait comme une brute. On lui montrait
l'homme à étrangler comme on montre au lévrier le
lièvre à prendre. Il ne chassait qu'à vue, tandis que
Miguelotto chassait au nez.

Avec ces deux hommes, César était sûr de ne
jamais manquer son coup. Il rentra donc chez sa
mère avec la mine souriante d'un joueur qui se sent
tous les atouts dans la main.

Vannozza embrassa ses deux fils, et l'on se mit
en route.

Le long du chemin, François et César marchèrent
côte à côte, et toute l'escorte les entendit rire souvent. César racontait à son frère l'histoire croustil-
lante arrivée récemment à un vieux cardinal, qui
s'était déguisé pour aller au Ghetto voir une belle
juive dont il était amoureux à en perdre la raison. La
juive avait voulu, pour éprouver la solidité de cette
passion, faire une marque sur le crâne de son amant,
qui était chauve comme la lune.

DE CÉSAR BORGIA.

Le vieillard y avait consenti.

C'est pour cela que le vieux cardinal portait toujours son chapeau ou sa calotte de côté, ce qui indignait si fort maître Jean Burchard, le maître des cérémonies du Vatican.

— Est-ce que le saint-père sait cela? demanda François.

— Il en a ri comme un bienheureux qu'il ne sera jamais, répondit César. Il appelle cela les stigmates de la passion du cardinal.

— Il faudra que je raconte ton histoire à Lucrèce, reprit François. Cela la distraira.

— A propos, répliqua César, nous devons te gêner, moi et l'escorte, pour aller à San-Sisto.

— Aussi vais-je vous quitter dans un instant. Je prétexterai un rendez-vous où j'ai besoin d'incognito (et en cela je ne mentirai guère) et je te laisserai l'escorte. Moi, je n'emmènerai que mon écuyer, en croupe. Il m'attend toujours en gardant ma mule sous un auvent de la place Guidea. Pendant ce temps-là, je vais à pied, et par des rues détournées, à San-Sisto.

Ils étaient arrivés devant la porte du palais Sforza.

Ils se séparèrent en se baisant sur la bouche, sans que César eût un frémissement en pressant sur son cœur pour la dernière fois le frère dont il avait résolu la mort.

François partit de son côté vers la place Guidea. César se fit reconduire par l'escorte jusqu'au Vatican, où il allait prendre les ordres du saint-père, et d'où il devait partir le lendemain matin dès l'aube pour Naples. Il causa amicalement avec le pape, puis rentra dans ses appartements comme pour se coucher.

CÉSAR BORGIA.

Mais si François, moins occupé
de son rendez-vous, avait pu prêter
l'oreille aux bruits de la nuit, il aurait entendu, dans une rue peu éloignée de celle qu'il
suivait, le galop furieux du cheval de César.
Le fratricide était ressorti par une porte de
derrière, et allait rejoindre ventre à terre ses coupe-
jarrets, postés à San-Sisto.

CHAPITRE II

LE CADAVRE DU DUC DE GANDIE

CHAPITRE II

Le cadavre du duc de Gandie

LE lendemain, dès l'aube, César se mettait en route pour Naples. Quoique, au fond. il eût hâte de s'éloigner de Rome, il ne fit point presser le pas à son cortége et commença la première étape comme s'il avait l'intention de voyager à petites journées. Il profita de ce prétexte pour ne pas prendre le chemin habituel et pour s'engager dans les voies détournées ; en même temps, il laissait derrière lui une arrière-garde commandée par Miguelotto, qui avait ordre de donner de fausses indications, au cas où le pape voudrait faire revenir César pour avoir quelques renseignements sur la disparition du duc de Gandie.

LES DÉBUTS

Le duc de Gandie, en effet, avait
disparu, et ne rentra pas chez lui de
toute la journée. On ne s'en inquiéta guère,
à vrai dire, dans sa maison; car il arrivait
souvent au jeune homme de s'attarder des nuits
entières, et même de rester absent plus de vingt-
quatre heures pour courir les aventures galantes.
Vers le soir du jeudi seulement, on commença à
concevoir des craintes à son sujet. Non seulement
il n'était pas revenu, mais on n'avait pas revu non
plus son écuyer ordinaire, qu'il renvoyait générale-
ment quand il devait demeurer trop longtemps près
d'une maîtresse. Les craintes se changèrent en une
probabilité de malheur, quand on apprit que l'écuyer
était mort la nuit précédente dans une maison de la
place Guidea, après avoir été assailli à coups de poignard sous l'auvent où il gardait la mule de son
maître. Les gens de la maison, ayant entendu des
cris, avaient ouvert la porte juste à temps pour voir
tomber l'homme et s'enfuir les meurtriers. Trans-
porté dans une salle basse, le blessé avait vainement
essayé de parler, de dire son nom, de raconter l'assassinat dont il était victime; le sang qu'il perdait
par sept blessures béantes l'avait empêché de se faire
comprendre, et il avait expiré sans qu'on sût même
qui il était. C'est seulement dans la soirée du lendemain qu'un serviteur du duc, passant par la place
Guidea et entrant par curiosité dans la maison où
était resté le mort, avait reconnu l'écuyer ordinaire
de monseigneur François et était venu rapporter au
palais la terrible nouvelle.

Le pape, aussitôt informé, tomba dans des angoisses inexprimables. Il avait beau se dire que sans
doute l'écuyer était seul quand il avait été attaqué,
que François était pendant ce temps occupé tran-

DE CÉSAR BORGIA.

quillement à quelque rendez-vous
d'amour ; que, d'ailleurs, les Borgia
étaient redoutés, et que personne n'oserait
toucher à l'un d'eux ; malgré tout, il savait
comme la jeunesse est imprudente, comme un
coup de stylet est vite donné à Rome, et combien
étaient nombreux les ennemis de sa famille.

Dès le jeudi soir, le bruit se répandit dans la ville
que le duc de Gandie avait été assassiné ; et le pape
lui-même, quelque douleur qu'il en conçût, fut obligé
de partager l'opinion générale. Il n'y avait plus de
doute à avoir : le duc avait succombé à un guet-
apens.

Ce n'est plus lui qu'il s'agissait de retrouver,
mais son cadavre.

Toute la police papale fut mise sur pied, et une forte
récompense fut promise à quiconque pourrait donner
un renseignement qui favorisât les recherches. Mais
le plus profond mystère enveloppait le crime. A partir
du moment où le duc de Gandie s'était séparé de son
frère devant le palais de Sforza, on perdait absolument ses traces. On fouilla en vain toutes les maisons
avoisinant la place Guidea, où l'écuyer avait été tué
en attendant son maître. On fit des perquisitions
chez plusieurs femmes de la noblesse et de la bour-
geoisie, qu'on soupçonnait d'avoir eu des relations
avec le duc. On alla même jusqu'à interroger des
patronnes de mauvais lieux, chez lesquelles le gonfalonier de l'Église ne dédaignait pas d'aller parfois se
mêler à la plus basse crapule. Tout fut inutile. On ne
savait d'ailleurs qui accuser d'un meurtre aussi audacieux.

A coup sûr, le pape ne s'arrêta pas un seul instant
à l'idée que le coupable pouvait être César, qui avait
passé la nuit du mercredi au jeudi au Vatican, parlant

encore au saint-père avant de se
retirer dans sa chambre, et partant le
lendemain de grand matin pour Naples. Il
pensait plutôt, et tout le monde avec lui, à
quelqu'un de ces terribles barons romains qui
avaient tant à se venger d'Alexandre VI, et qui
seuls pouvaient oser le faire d'une façon si cruelle.

La première chose à laquelle on avait songé, en
ne retrouvant le corps nulle part, c'est qu'il avait été
jeté dans le Tibre, où les assassins avaient coutume
de se débarrasser des cadavres qu'ils faisaient. Mais
on n'avait obtenu aucun résultat d'un premier inter-
rogatoire sommaire auquel on avait soumis tous les
mariniers de Rome. Comme cependant il devenait de
plus en plus probable que le duc de Gandie gisait au
fond de la rivière, le pape ordonna de procéder à une
nouvelle enquête plus sévère. Il fit annoncer à son de
trompe que celui qui saurait quelque chose de la
vérité et qui hésiterait à le dire serait condamné aux
plus épouvantables supplices s'il était convaincu
d'avoir refusé son témoignage. Effrayé par ces menaces, un batelier nommé Georges Schiavoni se
décida à faire des aveux le vendredi matin. Il déposa
ainsi, en présence d'Alexandre VI :

— Dans la nuit du mercredi 14 juin au 15, environ vers la cinquième heure, je fus réveillé en sur-
saut par un bruit de galop qui venait de l'allée de
gauche, menant à l'église de Saint-Jérôme. Je dor-
mais à ce moment dans mon bateau, selon mon habitude, et j'étais fort las d'avoir déchargé du bois tout
le jour. Je ne sais trop si tous ces détails importent à
ce qu'on me demande...

— Oui, oui, ils importent, interrompit le pape,
qui écoutait haletant et qui buvait toutes les paroles
du vieux batelier. Parle sans rien cacher, comme si

tu parlais à Dieu. J'ai besoin de
connaître instant par instant tout ce
qui s'est passé dans cette nuit abominable.
Dis-moi la vérité sans rien omettre. Les détails
qui pourraient te sembler les plus insignifiants
sont peut-être ceux qui me seront les plus utiles.
Parle, et ne mens pas, sur ton salut éternel !

— J'étais donc fort las, continua Schiavoni, ce qui
fit que, tout en entendant le bruit, je ne me levai point.
Et pourtant, par saint Georges, mon patron ! j'aurais
dû me lever pour crier au cavalier de ne pas dévaler
si vite vers l'eau, où il allait certainement tomber
avec son cheval. En vérité, je manquai de charité
envers mon prochain, me contentant d'ouvrir seulement les yeux pour voir ce qui allait arriver. Il faut
savoir qu'en cet endroit l'allée descend très vite vers la
rivière, et se termine en pente dans les roseaux et la
vase, tout proche du lieu où se déchargent les égouts
de la ville. Toutefois, le cavalier n'arriva pas jusqu'au
bout de la ruelle, mais s'arrêta court à quelques pas
du quai, autant que j'en pus juger par le brusque pié-
tinement de son cheval ; car alors je ne le vis pas.
J'aperçus, en revanche, deux hommes à pied qui sortirent de l'allée, s'avancèrent jusqu'au bord de l'eau
et regardèrent de tous côtés comme pour s'assurer
qu'il n'y avait personne aux environs. L'un deux fit
clapper fortement sa langue, et deux autres hommes
sortirent encore de l'allée et se postèrent aux deux
coins. Ceux-ci, je ne les distinguai pas très bien.
étant éloigné d'eux. Mais je vis à loisir les deux autres,
malgré la nuit, parce que j'ai l'habitude de regarder
dans l'ombre, comme tous ceux qui dorment à la
belle étoile, et aussi parce que j'étais tout près d'eux.
Ils étaient masqués ; l'un plutôt petit et l'autre très
grand. Le grand, outre son masque, me parut porter

LES DEBUTS

des gants plus hauts que je n'en
ai jamais vu, tout noirs, et qui lui mon-
taient quasi jusqu'à l'aisselle, comme je pus
m'en assurer quand il retroussa ses manches
larges. Tous deux avaient l'air féroce. Le grand
me fit l'effet d'un dogue énorme, et le petit d'un
chat sauvage. Je tremblais dans ma peau, sachant
que les mauvaises gens n'aiment pas qu'on les voie
quand ils font leur mauvaise besogne, et ceux-ci
étaient à coup sûr de méchants garçons qui n'avaient
pas grand'chose de bien à faire sur le quai, à une pa-
reille heure, avec leurs masques et leurs allures de
coupe-jarrets. Je retenais donc mon souffle, si bien
qu'ils furent convaincus que la berge était déserte.
Alors le plus petit fit encore clapper sa langue par
trois fois, et à ce signal j'entendis de nouveau le pié-
tinement du cheval dans l'allée. J'en vis d'abord
paraître la croupe, car le cavalier marchait vers la
rivière à reculons. Que la sainte Madone me protège !
Il avait en croupe derrière lui un cadavre dont la tête
et les pieds pendaient misérablement de chaque côté
de sa monture. Quand les deux sabots de derrière du
cheval furent dans l'eau, les deux hommes à pied
prirent le cadavre, l'un par la nuque et l'autre par les
jambes, et, après l'avoir balancé pour le lancer plus
loin, ils le jetèrent dans le Tibre, juste à la place où
tombent les égouts. Le cavalier n'avait pas tourné la
tête pendant ce temps-là. Quand il eut entendu le
bruit du corps plongeant dans l'eau, alors seulement
il fit faire volte-face à son cheval et regarda lui-même
la rivière. Il était masqué comme les autres et cou-
vert d'un grand surtout; mais je reconnus au harna-
chement de son cheval que c'était le maître de ceux
qui étaient à pied, et sans doute un puissant seigneur.
Il demanda tout à coup d'une voix brève ce que c'était

DE CÉSAR BORGIA.

qu'on voyait de noir flotter sur
l'eau. Le petit répondit que c'était le
manteau du mort et jeta des pierres pour le
faire enfoncer. Le cavalier mit sa main au-
dessus de ses yeux pour considérer attentive-
ment la place, puis il ricana comme un homme
satisfait d'une vilaine action, fit retourner et cara-
coler son cheval, et tous cinq s'en allèrent tranquillement par l'allée qui mène à l'église de Saint-Jacques.

Le pape avait écouté ce long récit sans plus inter-
rompre le batelier. Il avait le regard fixe, les bras
tendus en avant, la bouche grande ouverte; on eût
dit qu'au lieu d'entendre raconter, il contemplait cette
scène, et qu'il assistait avec horreur à tous les détails
du crime nocturne. Quand Schiavoni cessa de parler,
il y eut un moment de silence que personne n'osait
troubler. Alexandre VI était resté dans la même pos-
ture, semblable à un halluciné, et lui-même ne songeait pas à dire un mot. Il était comme abîmé dans
la vision terrible qu'avait fait se dresser devant lui la
naïve parole du batelier. Tout d'un coup, il secoua
brusquement la tête, se passa la main sur les yeux, et
demanda d'une voix sourde, en regardant fixement le
vieillard :

— As-tu reconnu le visage du mort?

Schiavoni hésita à répondre, puis se jeta la face
contre terre, en s'écriant qu'il ne pouvait pas le dire
exactement. Mais on sentait bien qu'il n'osait pas
déclarer tout ce qu'il savait. Il avait l'embarras d'un
homme qui a peur du secret qu'il possède.

— Tu as juré de ne rien cacher, reprit le saint-
père en frappant du pied avec rage. Songe que tu
risques en ce moment non seulement ton salut éternel,
mais ta vie ici-bas. Je te ferai plutôt arracher le cœur
pour y lire ce que tu y tiens renfermé. Allons, parle ;

tu as reconnu le mort, n'est-ce
pas? Tu sais qui on a jeté dans la rivière?

— Saint-père, je ne puis rien affirmer, je
le jure à Votre Sainteté et à Dieu qui m'entend.
J'ai vu passer si vite la face du cadavre! En
vérité, je ne suis pas sûr de l'avoir considérée, et
je dois avoir été trompé par quelque ressemblance.
Les saints apôtres me sont garants que je n'ai rien
vu de certain.

Alexandre VI avait les sourcils froncés, les poings
crispés. Il fit un pas vers le vieillard et lui poussa la
tête du bout de sa mule.

— Parle, parle! criait-il, je veux que tu parles.
A qui ressemblait-il, ce cadavre? Dis-le donc! Est-ce
au duc de Gandie?

— Votre Sainteté vient de le dire, murmura le
batelier en se cachant la tête dans ses mains comme
un homme qui va recevoir un coup.

Il le reçut en effet. Alexandre VI le frappa violemment du pied et éclata en sanglots.

— Chien, chien maudit! hurlait-il avec fureur, tu
mens! Ce n'est pas mon fils bien-aimé qu'on a tué
ainsi, qu'on a précipité dans l'ordure des égouts! Tu
n'as pas vu jeter à l'eau le corps de mon François,
de mon pauvre enfant!

Le pape écumait de rage et de désespoir. Tout
son sang passionné lui montait au cerveau. Sa gorge
était serrée. Sa face, si sereine d'ordinaire, faisait
une épouvantable grimace. Il ne pouvait croire à son
malheur. Il ne comprenait pas que quelqu'un eût eu
l'audace de le martyriser ainsi, lui, le pape tout-puissant, le Borgia terrible, le souverain pontife, le repré-
sentant de Dieu sur la terre.

Son orgueil révolté ajoutait encore à la torture de

DE CÉSAR BORGIA.

son amour pour son fils, pour ce
fils qu'il chérissait par-dessus tout et
qu'il perdait si misérablement. Ne pouvant
résister au tumulte de ses pensées et au poids
de sa souffrance, il s'affaissa soudain, comme
un bœuf assommé d'un coup de maillet.

Il revint à lui par un déluge de larmes qui déten-
dirent un peu sa rage. Mais ce fut pour presser le
batelier de nouvelles questions. Il ne pouvait se ras-
sasier d'entendre les cruels détails de la scène : il
espérait toujours apprendre quelque chose de nouveau ; il s'obstinait surtout à faire décrire le cavalier
et les deux hommes, comme si, à force de les voir
passer dans le récit du vieillard, il pouvait finir par
les reconnaître. Ce fut en vain. Le batelier avait bien
dit tout ce qu'il savait. Il n'y avait pas moyen de tirer
de lui d'autres renseignements que ceux qu'il répé-
tait, toujours les mêmes, à savoir que les trois
hommes étaient masqués et que l'un d'eux portait
des gants noirs montant très haut sur les bras. Tout
ce qu'il était possible de conjecturer, c'est que le
cavalier était un seigneur.

— Oh ! disait sourdement le pape, ce doit être
quelqu'un de ces barons, de ces Colonne ou de ces
Vitelli qui sont nos ennemis perpétuels. Mais lequel ?
Tant que ces loups seront dans Rome, je ne serai pas
tranquille. Il faudrait tous les prendre au piége. Ces
barons, je les trouve partout où on me fait du mal. Je
les ai appelés mes *menottes*. Ce n'était pas assez !
Voici qu'aujourd'hui ils sont mes poignards. Ils ne
me tiennent pas seulement les mains ; ils me frappent
au cœur.

Puis, tout à coup, sa colère le reprenant, il invec-
tiva de nouveau contre le batelier, toujours à genoux
et tremblant.

— Et pourquoi, lui dit-il, n'as-tu point fait ta déclaration dès le matin du jeudi?

Le batelier répondit simplement :

— Depuis que j'exerce mon métier, j'ai vu jeter dans le Tibre plus de cent cadavres, et je n'ai jamais ouï dire qu'on fît sur cela la moindre information. C'est pourquoi je n'aurais point parlé de cette affaire sans l'ordre exprès de Sa Sainteté. Les pauvres gens n'ont pas à se mêler de ce qui est œuvre de seigneurs, et les assassins sont puissants.

— Mais, puisque tu avais reconnu le duc de Gandie, tu devais penser que les meurtriers étaient les ennemis du saint-père.

Si le batelier avait osé exprimer ce qu'il pensait, il aurait dit qu'il n'était pas rare de voir à Rome des meurtres de famille, et il aurait ajouté qu'il croyait bien un Borgia capable d'en tuer un autre. Mais il se contenta de baisser la tête et ne répondit rien. Toutefois, le pape comprit cette attitude et l'horrible soupçon qu'elle cachait. Aussi, au lieu de donner au batelier la récompense promise, il le fit conduire en prison, sous prétexte que la justice avait besoin d'avoir toujours à sa discrétion le seul témoin de cette mystérieuse affaire.

En même temps, il donna l'ordre de faire fouiller le Tibre dans tous les sens pour retrouver le cadavre. Il voulait revoir et embrasser encore une fois son pauvre enfant. Tous les mariniers de Rome furent employés à la sinistre besogne. On vit alors combien était vrai le dire du vieux batelier sur le nombre des gens qu'on jetait à l'eau : onze cadavres furent retirés du Tibre dans une seule journée. C'est seulement avant les vêpres du vendredi qu'on ramena enfin du fond de la vase le corps du duc de Gandie, son argent

DE CÉSAR BORGIA.

dans sa bourse et ses gants pas-
sés sous le ceinturon.

Il était presque méconnaissable, bleui
et tuméfié. La poitrine et les flancs portaient
les marques de neuf coups de dague. La gorge
avait été ouverte d'un coup plus large que les
autres ; et, au-dessus de cette plaie béante, une raie
noire circulaire montrait qu'avant d'avoir été frappé.
le jeune homme avait été étranglé au moyen d'un
cordon mince qui avait pénétré dans les chairs. Le
spectacle était hideux.

Néanmoins, Alexandre VI se jeta à corps perdu
sur le cadavre, le pressa dans ses bras, mit ses lèvres
sur cette bouche décomposée et demeura un long
temps en communion avec cette pourriture, qui était
tout ce qui restât de son enfant le plus cher.

CHAPITRE III

LA CONFESSION D'ALEXANDRE VI

CHAPITRE III

La confession d'Alexandre VI

Q UAND il se releva de cette muette et lugubre acco-
lade, le pape fut repris d'un accès de désespoir,
plus furieux encore que le premier. Il laissa éclater
toute la violence de son tempérament espagnol dans
des sanglots terribles, des cris inarticulés, des menaces atroces. C'était presque du délire. Il ne voulait écouter aucune consolation. Il n'assista même pas
aux obsèques, ne se sentant pas la force de mettre en
terre son Benjamin.

Il le fit revêtir du costume de gonfalonier et l'embrassa une fois encore avant qu'on le portât à l'église
de la *Madone du Peuple;* mais il s'évanouit au moment où on l'enleva.

LES DÉBUTS

Tandis qu'on faisait au duc des
funérailles splendides, que les cloches
des basiliques et l'artillerie du château
Saint-Ange mêlaient leurs glas, Alexandre VI,
tantôt pâle, tantôt le visage en feu, se promenait
à grands pas dans les chambres du Vatican, qu'il
emplissait d'ululations, comme une tigresse qui a
perdu son petit. De temps à autre, après une crise
de larmes ou de cris, il tombait en faiblesse. On crut
qu'il mourrait de douleur. Tout le monde avait peur
autour de lui. Les cardinaux et les camériers se suc-
cédaient auprès de lui et n'en recevaient que des in-
jures et même des coups. Il ne savait sur qui passer
sa rage et la tournait contre lui-même, se frappant
la face et la poitrine, prenant ses cheveux à pleins
poings, mettant sa robe en lambeaux, se mordant les
mains. Il s'écriait que Dieu le père n'avait pas tant
souffert de la mort de son fils. Il offrait sa tiare pon-
tificale à qui lui rendrait son enfant. Il blasphémait
contre sa souveraine puissance, qui ne le mettait pas
à l'abri des malheurs subis par les autres hommes.
Puis, s'affaissant, il déclarait qu'il voulait aller rejoindre son fils. Il resta trois jours entiers sans
prendre de nourriture. Il ne céda qu'aux instances
du cardinal de Ségovie et consentit enfin à revoir
quelques personnes de sa cour. Mais, fou de douleur,
la tête égarée, les yeux brouillés de pleurs brûlants,
exalté par ses trois jours d'abstinence, il réunit le
Sacré-Collège et voulut faire une confession publique
de ses crimes.

Cet homme, qui avait commis sans remords les
forfaits les plus inouïs, qui n'avait jamais pensé à la
conscience que pour en rire, qui ne connaissait pas
de meilleur assaisonnement aux orgies que de tour-
ner en ridicule la religion dont il était le chef, ce pape

DE CÉSAR BORGIA.

monstrueux qui était le représen-
tant de Dieu et qui ne croyait pas en
Dieu, ce colosse de force et d'hypocrisie fut
faible et éprouva le besoin d'être sincère. En
vain les cardinaux firent tous leurs efforts pour
s'opposer à un tel dessein. Ils savaient bien qu'une
fois confidents des secrets du Borgia, ils seraient
condamnés par lui à disparaître, quand il serait revenu
à la pleine possession de son esprit. Ils se refusaient
à entendre cette confession. Lui, furieux, les insulta,
leur reprocha leur manque de religion, dit qu'il était
le maître, qu'il voulait demander pardon de ses
fautes; et, pendant plus d'une heure, avec des sanglots, avec les marques d'un repentir forcené qui ressemblait à du cynisme, il raconta sa vie, comme s'il
était devant le Grand Juge qu'il avait tant de fois
renié.

— Oui, oui, criait-il, je suis un misérable, un
fourbe, un impie, un voleur, un meurtrier. Ce n'est
pas sur la chaire de saint Pierre que je devrais être
assis, mais sur le gril du diable, mon patron. Et voilà
pourquoi mon pauvre enfant a été tué et jeté à l'eau
comme un chien. Oui, oui, laissez-moi dire! Je n'étais
pas fait pour la mission sacrée du sacerdoce, qui
exige des vertus, tandis que je n'ai que des vices.
Dans la profession plus modeste que j'avais em-
brassée au commencement de ma vie, alors que
j'étais un homme docte dans la jurisprudence, quand
il me fallait simplement dire honnêtement ma pensée
sur les questions de droit, je n'avais pas même cette
vulgaire conscience qui fait qu'on parle selon son
cœur. Je ne me servais de mon savoir que pour tromper les hommes. J'ai gagné ma fortune première en
aidant à dépouiller la veuve et l'orphelin. J'étais le
défenseur des mauvais qui étaient riches. J'étais

l'avocat du diable, vous dis-je, et je ne plaidais jamais que pour ses suppôts. Mais faire ce mal ne me suffisait pas encore. J'avais soif non seulement des larmes des malheureux, mais aussi de leur sang. Et je suis devenu soldat au service des puissants de la terre, après avoir été juriste à leur profit. Là je devais, si j'avais été un homme probe, combattre le bon combat, et je n'ai jamais combattu que le pire, servant les rancunes des ambitieux et en même temps les miennes. Savez-vous quel fut mon premier fait d'armes? Je tuai par trahison mon capitaine, et je me fis payer par l'ennemi. A cette époque, quand un homme se trouvait en travers de ma route, je tendais une embûche à cet homme et je débarrassais mon chemin l'épée au poing. J'ai ainsi assassiné quatorze compagnons de vice en Espagne. J'étais alors un pilier de mauvais lieux, un hanteur de tripots, un batteur de guet-apens, et avec moi le baiser se changeait souvent en morsure, le coup de dé en coup de poignard et le verre de vin en ruisseau de sang. Malheur, malheur sur moi qui ai tant péché! C'est pour cela que mon cher fils est mort étranglé ainsi qu'une bête puante prise au piége. Malheur sur moi! Ah! que ne suis-je resté soldat! Au moins il m'aurait été épargné de devenir le monstre d'hypocrisie que je fus en entrant dans les ordres. Vous savez quand. C'est au temps où mon oncle fut élu pape sous le nom de Calixte III. J'en profitai pour me glisser, à l'ombre de sa tiare, dans le saint lieu. J'avais une femme pourtant, et des enfants, qui m'ôtaient le droit de revêtir les habits sacerdotaux. Maudite soit-elle aussi, celle-là qui fut ma maîtresse et qui me donna ce fils qu'on vient de me tuer! Que de crimes j'ai commis pour elle et pour ses petits! Oh! vous avez beau faire

DE CÉSAR BORGIA.

semblant de ne me point écouter!
Vous le savez bien que la Vannozza est
ma femme. Oui, je l'ai mariée à un autre,
à Manoël Melchiori, que je fis faire comte de
Castille. Mais c'est moi qui restais le vrai mari
et le vrai père. A lui le nom! A moi la femelle!
Ai-je joué la comédie alors, quand j'étais cardinal-
diacre, sous Pie II, sous Paul II, sous Sixte IV, sous
Innocent VIII, trompant tout le monde par mes
dehors pieux, affectant la charité, la vertu, même
l'ascétisme? Oui, rappelez-vous qu'à cette époque je
passais pour un saint. On me voyait toujours pâle,
fatigué, courbé, et l'on croyait que je m'usais de
macérations et de pénitences. Ah! ah! c'était d'orgies et de débauches; mais moi, je laissais parler de
mes macérations et de mes pénitences! Que n'en fai-
sais-je, des pénitences! Mon enfant adoré ne serait
pas aujourd'hui en proie aux vers pour la punition de
mes péchés. Oui, c'est par ma faute qu'il est mort,
par ma faute, par ma très grande faute. Mais je pen-
sais bien alors à me mortifier! Je ne songeais qu'à in-
triguer pour m'asseoir sur le trône pontifical, que je
voulais souiller de ma personne abominable. Rappelez-vous mòn crime de simonie! Celui-là, du moins,
vous serez bien forcés de le reconnaître. Vous êtes
encore ici plusieurs qui avez été mes complices, aussi
méprisables cardinaux que je fus pape indigne. Ceux
qui manquent, c'est que je m'en suis débarrassé
après avoir acheté leur concours. Mais qu'ils viennent aussi, qu'ils apparaissent dans vos mémoires
criminelles, qu'ils se joignent à vous pour entendre
ma confession et partager notre honte! Oui, causons
du passé! Souviens-toi, Orsino, que tu me demandas
mon palais et les châteaux de Monticelli et de Sa-
riani. Et toi, cardinal de Parme, souviens-toi que la

LES DÉBUTS

ville de Nepi fut le gain de ta
complaisance. Toi, Savelli, il te fallut
la ville de Citta Castellana et l'église de
Sainte-Marie Majeure. Toi, Colonna, je te don-
nai l'abbaye de Saint-Benoît avec les châteaux et
le droit de patronage pour toi et ta famille à perpétuité. Tu ne te doutais guère que je donnerais
aussi à plus d'un des tiens le repos à perpétuité. Et
toi, Ascagne Sforza, d'une race que j'exècre, tu te fis
nommer vice-chancelier de l'Église et envoyer quatre
mulets chargés de vaisselle précieuse. Eh! eh! eh!
vieux moine blanc de Venise, légat renié par ton
pays, toi qui as pris tant de noms que je ne sais plus
comment l'on t'appelle, as-tu fini de compter les
cinq mille ducats d'or qui payèrent ta voix? Et toi.
cardinal de Saint-Ange, ivrogne et goulu, as-tu fini
de boire tout le vin de mes caves que tu exigeas avec
l'évêché de Porto? Vous rappelez-vous, tas de simo-
niaques, tas de vendeurs du Temple, marchands de
tiare, juifs usuriers qui avez trafiqué du corps et du
sang de Notre-Seigneur Jésus-Christ et qui vous êtes
prostitués à mon sacrilège! Quand je pense que, de
vous tous, il s'en trouva cinq seulement pour refuser
ce maquignonnage! Mais l'acheteur était plus voleur
que vous et n'a pas tenu ses promesses. Certes, Lau-
rent Cibo avait raison quand il vous disait que vous
vous étiez vendus au loup qui vous mangerait. Et le
loup vous a mangés! Et avec vous bien d'autres! Je
suis le pourvoyeur de la mort. J'ai fait mourir assez
d'hommes pour ne plus pouvoir les compter. Si les
sépulcres se rouvraient, quel concile d'empoisonnés
et d'assassinés pourrait me crier anathème! Mais au
moins vous, vous qui vivez, lâches que j'ai laissés
vivre parce que je vous méprisais trop, pourquoi
donc ne vous ruez-vous pas sur moi afin de débarras-

DE CÉSAR BORGIA.

ser la terre et l'Église du monstre
que vous avez pris pour souverain?
Mais vous êtes mes complices, et c'est pour
cela que vous ne voulez pas entendre ma confession, qui est aussi un peu la vôtre. Vous l'en-
tendrez quand même, et jusqu'au bout. Vous sau-
rez tout, et vous porterez avec moi le poids de mes
épouvantables secrets, trop lourds pour moi tout seul.
Oui, c'est moi qui ai semé la mort dans les familles
romaines, pour hériter des biens de ceux que je tuais;
c'est moi qui ai vendu la pourpre et le chapeau comme
un poissonnier vend son poisson; c'est moi qui ai
donné à tous vos parents des coliques mortelles; c'est
moi qui ai trahi toute l'Italie, les Français au profit
du roi de Naples, le roi de Naples au profit des Véni-
tiens, Florence au profit de Charles VIII, et tout le
monde à mon profit. Oui, je n'ai eu qu'un but depuis
que je suis pape : enrichir ma famille au détriment
des autres, et entasser crimes sur crimes pour en en-
graisser mes bâtards. Et voilà pourquoi je suis puni
dans la mort de celui qui m'était le plus cher. Et il
m'arrivera malheur aussi pour les autres, pour ce
Jofré que j'ai marié à dona Sancia, pour ce terrible
César qui est le bras droit de mes vengeances et qui
me fait peur à moi-même comme si j'étais une poule
qui a couvé un œuf d'aigle. Malheur à moi surtout
pour ma fille, pour Lucrèce, que j'ai déjà fiancée
deux fois et dont j'ai fait tuer les fiancés, que j'ai
mariée et dont je viens de casser le mariage avec Jean
Sforza. Écoutez-moi, écoutez-moi bien en face! Savez-vous pourquoi j'ai cassé ce mariage, pourquoi
j'ai voulu la mort du seigneur de Pesaro, qui m'a
échappé par la fuite? Ah! si criminel que je sois,
vous ne pouvez soupçonner pourquoi j'en veux au
mari de ma fille! Ma fille, ma fille Lucrèce, horreur!

Je n'ose avouer ce dernier forfait, plus profond que tous les autres.

Le poignard, le poison, la simonie, l'hypocrisie monstrueuse, la trahison perpétuelle,
tout cela n'est rien au prix de la dernière abo-
mination qui me reste à dire. Non, je ne fus
jamais si coupable, même quand je fis alliance avec
le sultan, moi vicaire du Christ, même quand je me
fis payer par le mahométan pour empoisonner son
frère Zim-Zizimi! Non, cela n'était rien! Non, jamais
personne n'a plongé aussi bas dans la turpitude! Un
pape! Un père! Ah! malédiction sur la race des
Borgia, sur le sang qui bouillonne dans mes veines
comme une poix infernale. Malheur à moi! Mon
crime est si énorme et si diabolique que les mots
épouvantés ne veulent pas sortir de ma bouche pour
le dire! Malheur! Septante fois malheur! Que ne
suis-je où était mon pauvre enfant, au fond du Tibre,
saigné comme un porc et pourrissant comme une
charogne dans la bourbe immonde des égouts!

Et le pape se roula par terre dans des convulsions
qui ressemblaient à une attaque de folie furieuse. La
fièvre dont il était dévoré depuis la mort de son fils,
l'abstinence de trois jours qu'il s'était imposée, la
violence du discours qu'il venait de proférer d'une
voix tonitruante, la douleur et la colère qui l'empor-
taient, tout éclatait maintenant en des cris rauques et
inarticulés qui n'avaient plus rien d'humain. Il avait
l'air d'un fauve qui s'acharnerait à se mordre lui-
même. Il écumait, il gesticulait par terre de façon à
se briser les membres. On eût dit l'agonie d'un
monstre enragé.

Les cardinaux, blêmes et transis de peur, s'écar-
taient vivement de lui sitôt qu'il s'approchait de l'un
d'eux dans un de ses soubresauts. On se rua vers la

DE CÉSAR BORGIA.

porte en miaulant des cris. La
porte avait été fermée en dehors, par
ordre d'Alexandre VI. Alors ce fut un effroi
effaré de se sentir condamné à demeurer auprès de ce furieux hurlant. Il y eut une poussée
terrible et la porte s'enfonça. Les premiers qui
s'y engouffrèrent tombèrent sur le parquet. Les
autres passèrent sur les corps qui se débattaient.

C'était comme un troupeau de vieilles femmes
fuyant un incendie. Il y en avait qui pleuraient en se
sauvant. Tout le Sacré-Collége s'éparpilla au hasard
dans le Vatican immense, courant à travers les chambres, roulant dans les escaliers, criant que le pape
était devenu fou et qu'il était possédé du diable.

Pendant ce temps, Alexandre VI, apaisé soudain
par une longue pâmoison, la face boursouflée, les
ongles crispés sur le parquet, la bouche tachée d'une
mousse sanglante, la robe retroussée sur la poitrine,
gisait inerte et seul, dans le silence au milieu de la
grande pièce vide.

CHAPITRE IV

LA MÈRE D'UN MONSTRE

CHAPITRE IV

La mère d'un monstre

Dans toute sa vie, déjà longue et tissue de tant d'hypocrisies, Alexandre VI venait pour la première fois d'être sincère. Il n'avait pu résister à ce besoin qu'éprouvent tous les grands criminels, même les plus forts, de décharger un jour leur cœur du poids étouffant de leurs abominables secrets. Quand il fut revenu de cet accès de franchise, suscité par un accès de douleur folle, son mouvement naturel fut d'abord de se repentir amèrement d'une telle faiblesse.

Ainsi, il avait compromis les fruits de sa merveilleuse duplicité, toujours si bien soutenue, en prenant

pour confidents de tous ses forfaits les membres du Sacré-Collége!

Ainsi, il avait pleuré comme un enfant et
bavardé comme une vieille femme devant ce
tas de coquins qu'il connaissait trop pour ne
pas les craindre, et parmi lesquels il avait tant
d'ennemis! À cette pensée, il fut sur le point de
s'abandonner à un nouveau désespoir. Il se jugeait
méprisable, fini, indigne du terrible rôle qu'il avait
joué si habilement jusqu'à ce jour. Il ne se retrou-
vait plus le même. Il se voyait diminué à ses pro-
pres yeux, et un moment il douta de lui.

Mais bientôt sa vigoureuse nature, comme elle
avait repris le dessus sur l'ébranlement physique
qu'il venait d'éprouver, dompta aussi cette lâcheté
de caractère qu'il se reprochait. Il se dit qu'il fallait
en revenir aux principes de toute son existence, ne
jamais s'attarder au regret des fautes commises, mais
travailler tout de suite à les réparer. Il réfléchit qu'en
somme les cardinaux savaient déjà, à peu de chose
près, tout ce qu'il leur avait avoué, et qu'après tout
il était toujours souverain maître et pourrait sans
peine se débarrasser de ceux qui voudraient abuser
contre lui de sa confession.

C'était encore toute une série de crimes en per-
spective; mais Alexandre VI n'était pas homme à reculer devant un tel avenir, lui qui avait un si tragique
passé. Il reprenait peu à peu possession de lui-même,
se sentait redevenir le formidable Borgia qu'il avait
cessé d'être sous le coup de la plus grande souffrance
qui l'eût jamais torturé; et maintenant il envisageait
tranquillement la nécessité de redoubler de scélératesse pour assurer l'impunité de ses anciens forfaits.

— Tant pis pour eux! s'écria-t-il en sortant de la
méditation pleine d'angoisses qui avait suivi son éva-

nouissement. Tant pis pour ceux
qui ont entendu lamenter le crocodile !
Ils lui passeront sous les dents.

Immédiatement, pour bien montrer qu'il
ne renonçait à aucune vengeance, il se remit à
s'occuper de celle du duc de Gandie. Les poursuites de la police avaient dû être menées assez
mollement pendant les trois jours que le pape avait
employés à se désoler en vain. Il leur imprima une
activité nouvelle et déclara qu'il voulait à tout prix
découvrir le meurtrier de son fils, pour en tirer un
châtiment exemplaire et impitoyable.

— Le temps des larmes n'a que trop duré. dit-il :
maintenant, ce qu'il me faut, c'est du sang.

Malgré ces ordres impérieux , les recherches
n'avancèrent point. C'est qu'en effet, parmi les gens
de police comme parmi le peuple tout entier, on com-
mençait déjà à soupçonner sourdement César d'un
crime si audacieux et si bien exécuté. Les barons
romains n'avaient pas eu de peine à prouver leur
innocence. De tous les ennemis des Borgia. pas un
ne pouvait en ce moment être convaincu d'avoir par-
ticipé à l'assassinat du duc. Le champ ouvert aux
conjectures s'était donc bien vite rétréci, et l'on en
était venu à concentrer l'accusation sur quelque
membre de la propre maison des Borgia. César seul
était sujet à caution.

On connaissait son envie cachée contre François :
on le savait capable de tout. Comme il arrive dans ces
catastrophes mystérieuses de famille. le pape devait
être le dernier à se douter de la vérité. Mais la police.
craignant de trouver au bout de ses investigations le
fils même du pape et le frère de la victime, ne se sou-
ciait pas d'un tel résultat et préférait rester dans une
incertitude officielle. D'ailleurs, malgré toutes les pro-

babilités morales, on ne pouvait
réellement réunir de preuves contre
César. Le témoignage du vieux Schiavoni
restait le seul document précieux, et l'on n'y
relevait rien de précis contre l'assassin présumé.

Toutefois, le pape, qui avait à cœur de trouver le coupable, s'irrita de l'impuissance des recherches, sentit qu'on ne les menait pas avec l'ardeur
ordinaire, se demanda pourquoi on en agissait ainsi,
et finit à son tour par être peu à peu amené à l'épouvantable idée qui était celle de tout le monde. Si criminel qu'il fût, il regimba d'abord contre une telle
supposition. N'osant s'en ouvrir à personne, il se
crut un monstre de s'abandonner à des pensées si
atroces.

Mais, à la longue, en y réfléchissant, il fut bien
obligé de se rendre à ces soupçons qui prenaient de
plus en plus de la vraisemblance. Il songea à l'inimitié de César et de François, qu'il connaissait mieux
que personne ; il s'avoua que son terrible cadet était
le plus hardi scélérat qu'il eût jamais rencontré et le
seul homme devant qui lui-même eût jamais eu peur ;
il pesa toutes les raisons que cet ambitieux insatiable
avait pu avoir pour se débarrasser de son frère ; le
résultat de toutes ces pensées fut que le fratricide
était non seulement possible, mais probable, et même
facile à expliquer.

En même temps, le pape prit secrètement des in-
formations sur l'attitude de Vannozza depuis la mort
du duc de Gandie. Il ne doutait pas que Vannozza pré-
férât César à ses autres enfants. Néanmoins, il trouva
que cette préférence ne devait pas la rendre indiffé-
rente à la perte de son fils aîné. Or, précisément, il
apprit que Vannozza avait supporté cette perte d'un
cœur plus que léger. Tout d'abord, elle n'avait envoyé

personne de sa maison aux obsèques du duc de Gandie et n'avait
donné d'argent à aucune église pour faire
dire des messes au défunt, elle si dévotieuse!
Puis, le deuil qu'elle avait été obligée de prendre
n'était qu'extérieur. Elle n'avait rien changé à ses
plaisirs quotidiens, qu'elle se contentait de cacher
aux yeux du monde. Elle ne manifestait aucune tristesse. Elle affectait même de ne jamais parler du duc.
Enfin, un jour, elle avait été jusqu'à dire avec une
sorte de sourire équivoque que le pape avait grand
tort de se donner tant de mal pour faire chercher un
coupable qu'on ne trouverait pas.

Dès lors, Alexandre VI crut et à la culpabilité de
César et à la complicité de Vannozza. Son premier
mouvement fut d'être épouvanté pour lui-même et de
se résoudre à entrer en lutte ouverte contre sa propre
famille. Il alla voir Vannozza et lui dit sans témoin,
brusquement, pour voir comment elle recevrait cette
nouvelle :

— Je sais qui est le meurtrier de notre enfant.

Madame Vannozza se signa en baisant son pouce,
à la mode romaine, et répondit sans se troubler :

— Eh bien! alors, que vas-tu faire?

— Je vais laisser la justice suivre son cours, répliqua le pape.

Il avait l'air si triste et si convaincu de ce qu'il
disait que Vannozza le crut. Elle n'avait pas été sur-
prise par la première phrase du pape, car elle n'igno-
rait pas qu'il avait coutume de plaider, comme on
dit, le faux pour savoir le vrai. Mais l'accent dont il
prononça sa menace de vengeance la troubla. Elle se
rappela les crimes de son amant, trembla pour César
et ne put s'empêcher de s'écrier :

— Tu ne feras pas cela! C'est impossible!

— Pourquoi? reprit froidement
le pape. D'où vient ton angoisse? Tu
connais donc le coupable, et tu l'aimes?

Alexandre VI avait parlé trop tôt, cette
fois. Vannozza comprit qu'il n'était sûr de rien
positivement, qu'il avait seulement des soupçons,
et elle reprit confiance.

— Je ne connais pas le coupable, répondit-elle.
Mais je vois une chose : c'est que, pour avoir osé
commettre un crime si audacieux, pour n'avoir pas
craint de s'attaquer à toi, il doit être bien fort et bien
puissant; et c'est pourquoi je te conseille de ne point
poursuivre contre lui une vengeance que tu ne pour-
ras peut-être pas tirer.

Elle dit ces derniers mots en faisant peser son
grand œil noir sur le regard inquisiteur du saint-père,
et comme si elle le menaçait.

Alexandre VI ne douta plus de la complicité de
la mère et du fils, et se sentit frémir à l'idée que lui-
même pouvait être en danger.

Vannozza s'aperçut de l'effet qu'elle avait produit
et redoubla son coup en ajoutant :

— Tu as toujours été le plus fort avec tous tes
ennemis, Borgia; mais on finit par trouver son
maître. Prends garde à ceci : c'est que l'homme qui
a tué François n'avait sans doute à se défaire que de
François, qu'il n'a pas de motif de haine contre le
père de sa victime, que le père serait donc imprudent
d'entrer en lutte contre cet homme qui ne lui en veut
pas, et qu'enfin la vengeance n'est bonne qu'à condi-
tion d'être sûre. J'estime que la conduite la plus sage
à tenir serait d'oublier ce meurtre et d'ignorer le nom
du meurtrier. Moi qui suis la mère du mort. j'ai pris
mon parti de ne point sacrifier à sa mémoire le sort
des miens qui me restent. Fais comme moi, tu peux

DE CÉSAR BORGIA.

m'en croire, et demeure l'ami de
celui qui est plus fort que nous; ou
bien alors crains qu'après avoir supprimé
le fils il ne trouve aussi que le père est de trop.

Malgré tout son orgueil et toute sa puissance, Alexandre VI courba la tête sous ces phrases effrayantes, dites d'une voix calme et sourde, et qui contenaient non pas un conseil, mais un ordre. Il comprenait que Vannozza ne mentait pas en affirmant qu'il avait rencontré son maître. Il réfléchissait à la terrible alternative qui se dressait devant lui, et il était forcé de convenir intérieurement qu'en effet le parti le plus sûr était bien celui qu'on lui enjoignait de prendre.

A partir de ce jour, tout en ayant l'air de faire continuer activement des recherches, il s'habitua à l'idée qu'elles devaient être infructueuses. Il tremblait même qu'elles pussent avoir du succès. Il s'abîma dans une grande tristesse, en songeant que la mort de son fils bien-aimé resterait sans vengeance; mais il s'y résigna. Il eut jusqu'à la lâcheté d'aller dire à Vannozza qu'il renonçait aux poursuites. Il se sentait petit devant cette femme qui avait cessé d'être la maîtresse pour devenir la mère farouche, partiale, n'aimant qu'un de ses enfants aux dépens du monde entier, semblable à ces monstrueuses araignées qui, pour nourrir leur progéniture, n'hésitent pas à dévorer jusqu'au mâle qui est le père de leur petit.

CHAPITRE V

LA CONFESSION DE CÉSAR

CHAPITRE V

La confession de César

PENDANT que l'accusation portée secrètement contre lui se répandait de Rome dans l'Italie entière, et que la conviction même était faite dans tous les esprits au sujet de son fratricide, César éblouissait les Napolitains et la cour du roi Frédéric par un faste magnifique. Il faisait faire aux lazzaroni des distributions de vivres et de monnaie, prodiguait les cadeaux à la noblesse du pays et menait somptueusement le train qui convenait au légat du saint-père.

Non content de ces manifestations de luxe, il ornait toutes les fêtes par ses manières aimables, son esprit étincelant et une bonne humeur inaltérable.

LES DÉBUTS

Jamais personne, pas même Miguelotto, ne l'avait vu si gai, si charmant. Il avait l'air de s'épanouir en pleine joie et ne portait plus dans aucun pli de sa face la marque des pensées ambitieuses qui, d'ordinaire, l'assombrissaient parfois à son insu. Il montrait, au contraire, une sérénité naturelle et avenante qui semblait affirmer hautement le témoignage d'une conscience tranquille.

De fait, il n'éprouvait aucun remords. Il était de ces coquins admirablement organisés qui ne se reprochent que leurs fautes et jamais leurs crimes. Il ne songeait qu'à l'heureux succès de son entreprise et aux espérances nouvelles que lui permettait la suppression de son frère. Il voyait son chemin débarrassé, son horizon clair, et cela lui donnait l'apparence d'un homme heureux et sans aucune inquiétude. Il avait la conscience d'avoir exécuté son forfait d'une manière impeccable; cette conscience-là lui suffisait.

Aux yeux du peuple de Naples, race insouciante et légère, l'aspect seul de César lui faisait tout pardonner. On ne manifestait point de répugnance en se partageant les largesses du cardinal, et plus d'un même prétendait que l'accusation était une calomnie, et qu'un prince si généreux ne pouvait être un si profond scélérat. A la cour, on ne pensait pas de même. Le roi surtout montra quelque froideur à César et laissa voir combien il souffrait d'être couronné par des mains souillées d'un fratricide. Mais il fallait bien, sous peine de se brouiller avec le pape, accepter son légat. D'ailleurs, César n'eut point l'air de remarquer l'attitude du prince Frédéric et redoubla de politesse envers lui. Il se contenta, pour toute vengeance, de terminer ainsi la harangue qu'il lui adressa le jour du couronnement :

DE CÉSAR BORGIA.

— C'est donc avec une joie profonde que je transmets à Votre Majesté la bénédiction de notre saint-père le pape. Souvenez-vous, Sire, que mon auguste maître est notre maître à tous, le vicaire de Dieu sur la terre, le dépositaire de la toute-puissance infinie, et que la Providence a toujours montré combien elle le chérissait en le protégeant contre toutes les embûches. Aussi ai-je à vous féliciter d'être au nombre des amis qu'il honore, puisqu'à tous ses ennemis tôt ou tard il arrive malheur.

Le roi Frédéric comprit cet avertissement voilé, se le tint pour dit et dès lors fit comme tout le monde, traita César de son mieux et le garda même à Naples au milieu de fêtes incessantes jusqu'à la fin du mois d'août.

César n'était pas fâché de ce retard qui le tenait le plus longtemps possible loin de Rome. Par Miguelotto, qu'il avait envoyé chez Vannozza et qui était revenu rapporter des nouvelles de là-bas, il avait su en détail tout ce qui s'était passé après la mort du duc de Gandie. Il était au courant de la douleur et de la colère qu'avait éprouvées le pape, des projets de vengeance qu'avait un instant nourris ce père désespéré et terrible, et de l'apaisement triste qui avait succédé à ces crises violentes après l'entretien d'Alexandre VI et de Vannozza. Il se disait que le pape était maintenant à demi dompté, qu'il fallait lui laisser le temps de cuver son chagrin et sa rancune.

Enfin, malgré son audace, il hésitait encore à jouer la dernière carte qui lui restât à jouer. Il avait en effet l'intention, à peine de retour à Rome, de couper court à la situation en avouant tout à son père, pour en faire, de par cette confidence cynique, en

LES DÉBUTS

quelque manière son complice.

Après avoir reculé de jour en jour l'exécution de ce dessein, il se décida pourtant à partir et arriva à Rome le 5 septembre.

De son côté, Alexandre VI voyait s'approcher non sans épouvante le moment où il allait se retrouver face à face avec son terrible fils, avec l'assassin du duc de Gandie, avec le monstre dangereux que lui avait laissé deviner Vannozza. Il avait mûrement réfléchi à ce que lui avait dit sa maîtresse, et, après s'être rendu aux conseils prudents qu'elle lui donnait, il était bien résolu maintenant à recevoir César comme s'il n'y avait pas entre eux le cadavre de François. Mais néanmoins il comprenait combien la première entrevue serait embarrassante, et il se demandait avec angoisse quelles étaient les dispositions de César. Il craignait précisément que ce hardi criminel osât parler de son crime, et il aurait voulu éviter le coup d'État que cet enfant formidable allait sans doute exécuter sur l'autorité de son père.

Pour montrer dès l'abord sa soumission, il fit préparer à César une entrée presque triomphale à Rome. Les cardinaux, les ambassadeurs d'Espagne et de Venise, la garde papale, la foule soudoyée, allèrent au-devant du légat jusqu'aux portes de la ville. Quand il parut, on l'acclama. Puis on le conduisit en cavalcade au Vatican, à travers les rues pavoisées et jonchées de fleurs. Les cloches sonnaient joyeusement. L'artillerie du château Saint-Ange mêlait sa grande voix aux cris du peuple. On eût dit qu'il s'agissait de fêter l'arrivée d'un souverain. Et c'était bien en effet un souverain qui revenait à Rome : c'était le maître du pape lui-même.

César ne se trompa pas sur le sens de cette réception et n'hésita pas un instant à prendre le rôle

qu'on voulait lui faire jouer. Il
entra fièrement en plein consistoire,
accepta sans gêne les hommages et les
génuflexions que lui prodiguèrent ses collègues, se fit conduire par eux comme par des
laquais dans ses appartements et envoya dire
aussitôt au pape qu'il désirait avoir une audience
secrète de Sa Sainteté.

Alexandre VI avait espéré jusqu'au dernier moment que leur première entrevue serait publique, et
lui-même avait réglé ainsi la fin de la cérémonie.
Mais la requête de César était un ordre qu'il n'osa
pas enfreindre. Il sentit que l'heure inévitable de l'ex-
plication était enfin venue, et il n'eut pas le courage
de la reculer plus longtemps en désobéissant à son
fils. César fut donc introduit seul chez Alexandre VI.

Quand la porte fut fermée et la double tapisserie
tirée derrière lui, César s'arrêta pour fixer les yeux
sur son père, qui s'était levé et qui n'avait pas la
force de prononcer une parole.

— Eh bien! oui, dit César d'une voix forte, en
accentuant tous les mots de sa phrase, oui, c'est moi
qui l'ai tué.

Alexandre VI ferma les yeux, se cacha la figure
dans ses mains et répondit avec des sanglots :

— Je l'aimais tant !

— Tu l'aimais trop, reprit César.

Le pape pleurait ; ce n'étaient point des larmes
hypocrites, comme celles que César lui avait vu
verser si souvent ; c'étaient de vraies larmes sincères.
Malgré les trois mois écoulés depuis le meurtre, la
douleur du père était encore vivace, et il ne pouvait
la dissimuler.

César frappa du pied avec impatience et se croisa
les bras d'un air de dédain.

— Es-tu donc vieilli à ce point,
ajouta-t-il, que tu pleures ainsi qu'une
grand'mère? Vas-tu recommencer à faire
des folies, comme le jour où tu as raconté ta
vie aux cardinaux? Vas-tu encore commettre
des fautes qu'il me faudra réparer? N'es-tu plus
Rodrigue Borgia?

— Tu vois bien que non, répondit le pape, puisque
je me laisse insulter par l'assassin de mon enfant.

— Pas de reproches, pas de récrimination! fit
César avec un geste impérieux. J'ai voulu te voir seul
à seul pour parler sérieusement et pour m'expliquer
à toi de façon qu'il ne reste pas de malentendus
entre nous. Si tu veux continuer l'œuvre que tu as
commencée, si tu veux que notre maison soit la plus
forte de toute l'Italie, il ne faut pas nous désunir. Les
Borgia ne peuvent arriver au but qu'ils se sont pro-
posé qu'en se tenant par la main. Donne-moi la tienne!

— Pourquoi as-tu tué un Borgia? riposta le pape
en cachant sa main sous sa robe.

— Eh! François n'était pas un vrai Borgia, dit
César. Il n'avait que des passions inutiles. Tu gaspil-
lais nos ressources et nos forces pour satisfaire aux
désirs de ce beau garçon, qui ne demandait qu'à
s'amuser et qui était incapable de nous servir. Des
honneurs, des plaisirs, du luxe, du bon temps, voilà
ce qu'il lui fallait, et rien de plus. Ce n'est pas avec
cela qu'on s'empare des royaumes. Quel service nous
a-t-il jamais rendu? Quand tu as eu quelqu'un à sé-
duire, à tromper, est-ce lui qui a porté la parole, qui
a fait de fausses promesses, qui a trahi son serment?
Dis, est-ce lui? Quand tu as voulu te débarrasser d'un
ennemi, est-ce lui qui a préparé le poison ou donné le
coup de poignard? Est-ce lui qui s'est livré comme
otage aux Français pour délivrer ta ville? Est-ce lui

qui a joué Charles VIII? Est-ce
lui qui a coupé autour de tes poignets
tes *menottes*, les barons romains? Réponds
donc! Est-ce lui qui a fait tout cela, ou si c'est
moi? Lui ne voulait que son bien, et moi c'est
le tien que j'ai toujours voulu. Pour lui, tu as
commis des crimes qui nous faisaient des ennemis dangereux inutilement, et moi je n'ai commis
des crimes qu'à propos et pour nous tous. Oui,
même celui-là, que je n'ai pas craint de commettre
en amputant la famille d'un membre nuisible! Celui-là aussi, je l'ai commis pour ton bien.

— Tu oses dire cela, sanglota le pape, et tu m'as
vu verser de vrais pleurs!

— L'opération la plus nécessaire fait toujours
souffrir, répliqua César. Qu'importe, si le corps est
sauf? En supprimant François, je t'ai guéri de la
seule faiblesse que tu avais. Au lieu de ce bras mort,
et mort avant d'avoir été retranché, voici le mien qui
t'a tant servi et qui te servira toujours, même malgré
toi. François tenait une place qui doit être la mienne.
Ce qu'il faut aux Borgia, c'est un soldat, et ce soldat,
c'est moi. Tu vas me relever de mes vœux et me faire
gonfalonier de l'Église. Alors, nous serons véritable-
ment tout-puissants. Nous, c'est-à-dire toujours toi.
J'aurai sous mes ordres non seulement des coupe-
jarrets pour travailler dans l'ombre, mais des troupes
pour guerroyer au grand jour. Malheur aux barons
romains! Ce n'est plus à une robe de cardinal qu'ils
auront affaire, c'est à une cotte de mailles de capitaine, et dans les mailles de ma cotte comme dans un
filet je pêcherai en eau trouble leurs principautés. Tu
as souvent traité de chimériques mes projets de con-
quête. Tu as eu tort. Quand tu étais soldat, n'aurais-
tu pas paru fou de songer à être pape? Et pourtant

cela est arrivé. Tout arrive, quand
on le veut bien. Pourquoi donc me
croire insensé, moi qui suis cardinal, si je
rêve de devenir soldat? Vois-tu, père, le pouvoir spirituel que tu possèdes, c'est beaucoup,
mais ce n'est pas assez. Nous entrons dans un
temps où le saint-père n'est plus le chef effectif de
la chrétienté s'il n'appuie son droit sur la force.
Considère qu'avec ta souveraineté tu as à te débattre
sans cesse contre des ennemis obscurs et gênants,
comme les Colonna ou les Vitelli. Tu ne seras com-
plet que le jour où, à côté de toi, le monarque spirituel, et ne faisant qu'un avec toi, on verra se dresser
le maître d'un État puissant; où ta crosse sera le
fourreau de mon épée; où Rome redeviendra vrai-
ment la tête du monde et la capitale de l'empire
d'Italie. Voilà ce que je veux, voilà ce qu'il faut que
tu veuilles, voilà ce qui sera.

Alexandre VI écoutait silencieusement cette fou-
gueuse déclamation. Il tenait toujours ses mains ca-
chées sous sa robe, ses yeux à demi baissés, et regar-
dait César gesticuler, enfler sa voix, marcher à grands
pas, comme il aurait regardé un comédien. Il ne
croyait pas à la sincérité de son fils; il pensait seulement que le meurtrier voulait couvrir son meurtre de
profonds prétextes politiques. Aussi ne se laissait-il
pas toucher par ces prétextes, le rusé Borgia! Même
énoncés par cette éloquence âpre, nerveuse, avec cet
accent entraînant, le pape s'y refusait. Il gardait
son attitude de vaincu plutôt que de prendre l'air
convaincu.

César s'aperçut du peu d'effet qu'il produisait et
s'arrêta court devant son père.

— Ainsi, lui dit-il, tu t'imagines qu'en ce moment je joue un rôle! Tu ne me crois pas?

DE CÉSAR BORGIA.

— Non, répondit le pape, qui
reprenait de l'assurance en songeant
que César venait de faire un discours inutile.

— Alors, reprit César, tout ce que je
viens de te dire, c'est uniquement pour excuser
mon crime, pour te faire admettre des circon-
stances atténuantes! En vérité, as-tu donc assez
perdu de ton esprit pour me croire un tel imbécile?
Ne me connais-tu pas suffisamment? M'as-tu déjà vu
chercher à pallier un crime? Ne sais-tu pas que j'ai
pour principe celui-ci, que tu m'as donné : de ne
jamais me repentir d'une chose faite? Non, je ne
me repens pas d'avoir tué François. Non, je ne tiens
pas à me faire pardonner sa mort. Loin de là! Je me
vante hautement de cet assassinat. S'il était à refaire,
je le referais. Si tu veux m'en punir, tu peux essayer.
Seulement, j'ai désiré t'expliquer les motifs de ma
conduite et mes projets d'avenir, espérant que tu se-
rais assez intelligent et assez fort pour les comprendre
et pour les admettre. Me suis-je trompé? Ai-je trop
présumé de ta force? N'en parlons plus, alors! Fais
la vieille femme, pleure ton enfant, ne pense qu'à lui,
attache-toi à sa mémoire comme ces condamnés qu'on
lie à un cadavre, et meurs en embrassant cette pourriture! Mais ne viens plus me parler jamais d'ambition et de grandeur, ne me dis pas que tu t'appelles
Borgia, dis-moi que tu t'appelles Rachel, que tu ne
veux pas être consolé, et que ta robe de souverain
pontife ne te servira plus qu'à essuyer tes yeux. Toutefois, songe à ceci : c'est que j'ai pour ennemi quiconque n'est pas mon allié. Je ne suis plus un enfant,
moi, tandis que toi, tu le redeviens. Pèse bien ces
paroles! Moi, je sais ce que je veux et je veux tout,
et rien ne m'empêchera d'arriver au but que j'ai mis
au fond de mon ciel. Tu n'ignores pas que je ne

crois à rien, que je ne respecte
rien, que je ne recule devant rien. La
force, voilà mon Dieu. Le succès, voilà ma
religion. Mon intérêt, voilà mon droit. Je t'ai
montré tout à l'heure comment mon intérêt était
le tien, comment ma force ne pouvait que gagner
à s'appuyer sur la tienne, comment nous devions
marcher ensemble au succès. Tant pis pour toi si
tu n'as pas pu ou pas voulu m'entendre! Mais réflé-
chis encore avant de prendre une décision hostile à
mes desseins, nuisible à toi-même. Notre position
réciproque se résume ainsi : je peux tout avec toi;
mais tu ne peux rien sans moi.

Il n'y avait plus à en douter maintenant : c'était
l'alliance ou la guerre qu'offrait César. Le pape
voyait bien qu'il ne s'agissait plus seulement du
meurtre de Gandie, mais qu'il y allait de son propre
salut. Le fauve qu'il avait pour fils, et dont il redou-
tait depuis longtemps la sourde ambition et les projets vaguement exprimés, il le contemplait aujour-
d'hui en plein épanouissement d'orgueil, hérissé de
menaces, debout sur son audace impitoyable, ouvrant
ses griffes et grinçant des dents, prêt à se ruer sur
tout pour tout conquérir.

— Songe bien, continua César, que je ne te demande pas de te sacrifier à moi. Je te répète que j'ai
tout intérêt à ce que tu restes tout-puissant. Si j'avais
l'élixir de longue vie, je te le ferais boire afin de te
laisser souverain pontife tant que je vivrai. Ma seule
crainte est de te voir mourir avant d'être arrivé à mes
fins. Je voudrais que tu fusses le Père Éternel, si j'y
croyais. Bien loin de chercher à t'amoindrir aux yeux
du monde, je ferai en sorte de te rendre plus fort et
plus redoutable. Je ne gênerai en rien tes plaisirs. Je
connais tous tes vices, et je sais qu'ils font partie de

DE CÉSAR BORGIA.

ta grandeur. Tes passions les plus extraordinaires ne sont pas un embarras pour moi. La plus monstrueuse, par exemple, ton amour incestueux...

— Tais-toi, cria le pape avec terreur. Est-ce à toi de prononcer de telles paroles?

— Tu fais encore l'enfant, reprit César.

Et en quelques mots il mit le pape au courant de l'imbroglio d'incestes dans lequel avait vécu Lucrèce. Malgré son habitude du crime, Alexandre VI demeura stupéfait du calme avec lequel César parlait de ce tissu d'infamies. Il releva un pan de sa robe sur sa tête et ne répondit rien.

— Lucrèce, reprit César, je ne la considère ni comme ma sœur, ni comme ta fille. C'est la plus belle pièce de notre jeu, voilà tout. François nous empêchait de la faire manœuvrer.

— Mais tu mens, tu mens! dit soudainement le pape en gardant toujours son visage voilé; tu veux me faire haïr mon fils bien-aimé.

— Allons, répliqua aigrement César, tu es incorrigible. Encore une réponse comme celle-ci, et je croirai que tu n'es plus bon qu'à faire un mort.

Alexandre VI se découvrit brusquement la tête et fit un saut vers le coin de la chambre, comme s'il s'attendait à recevoir un coup de dague.

— N'aie donc pas peur! reprit César. Faut-il te répéter cent fois combien ta vie m'est nécessaire? Revenons à la question. Soyons sérieux. Lucrèce ne doit aimer personne. Nous avons besoin de la tenir. Par elle, nous pouvons enjôler des princes et des ambassadeurs, prendre au filet des maris que nous supprimons ensuite, en conservant leurs biens. Voilà le rôle de Lucrèce dans la famille. Et c'est parce que François la détournait de ce rôle, que j'ai trouvé juste de le mettre de côté. Comprends-tu?

Le pape avait l'air de ne plus écouter.

Il réfléchissait. Il marmonna entre ses dents :

— Elle l'aimait! Elle l'aimait!

— Eh! oui. Vous l'aimiez tous follement. Il n'y a que ma mère Vannozza qui ait flairé nos intérêts et qui n'aimât pas ce Benjamin. Mais sois tranquille; maintenant qu'il est mort, qu'importe qu'on l'ait aimé? Lucrèce nous revient. Tu sais sa faiblesse. Nous jouerons encore de ce bel atout. Laisse-moi la diriger au point de vue politique. Toi, fais-en ce que tu voudras, cela m'est égal. Même, à ton point de vue, c'est un bien que je t'aie débarrassé de François. Es-tu enfin convaincu que mon crime est bon?

Alexandre VI restait abasourdi sous les coups multipliés que lui portait César. Il sentait les arguments de ce terrible raisonneur prendre peu à peu un corps et devenir invincibles. Oui, César était logique. Oui, le duc de Gandie avait été de trop dans la famille. Évidemment, les chimères de César pouvaient se changer en réalités. Sans aucun doute, le pape n'avait rien à craindre de son fils, si lui-même n'entamait pas la lutte et s'il laissait cet ouvrier de la dernière heure achever l'œuvre si bien commencée de la fortune des Borgia. L'intelligence subtile d'Alexandre VI se rendait à la politique raffinée de César. L'esprit vaste et profond du grand pape s'ouvrait aux horizons merveilleux que l'homme de génie faisait resplendir. Les sentiments humains, les considérations paternelles, s'évanouissaient devant le mirage de cette ambition forcenée. En même temps, la jalousie la plus terrible de toutes, la jalousie contre un mort, mordait au cœur le vieillard amoureux, toujours follement épris de Lucrèce, et le détachait du

DE CÉSAR BORGIA.

duc de Gandie. Toutes ces idées
et toutes ces sensations bouillonnaient
tumultueusement dans la tête d'Alexandre VI et le poussaient vers César. César, qui
s'apercevait de cet obscur travail, ne disait plus
rien maintenant et attendait le résultat. Enfin,
après un grand silence, le pape secoua la tête,
comme pour se débarrasser d'un remords importun,
et prononça d'une voix tranquille :

— Je ne suis pas si vieux que tu voulais bien le
dire, César; je comprends, oui, je comprends.

— Et approuves-tu? fit César.

Alexandre VI se recueillit de nouveau.

— Quand on est ambitieux, dit-il, il ne faut être
ni père ni amant. Je l'avais oublié, je t'en demande
pardon. Tu as bien agi.

Et il se jeta dans les bras de César en ajoutant :

— Toi seul es mon vrai fils.

CHAPITRE VI

L'inceste

CHAPITRE VI

L'inceste

S on père étant dompté, César n'eut pas de peine à
persuader Lucrèce qu'il était temps de mettre fin
à la bouderie qui la tenait éloignée du Vatican. Ainsi
qu'il l'avait dit au pape, il tenait Lucrèce. Non par
l'amour, il est vrai, mais par la terreur. Puis il savait
jouer du cœur des femmes, et surtout d'une femme
aussi faible que sa sœur.

Lucrèce n'était point une virago, comme on l'a cru,
sur la foi des pamphlétaires et des poètes satiriques
qui dirigeaient contre les Borgia une guerre d'épi-
grammes. Pieusement et solidement élevée par madame Adrienne, la cousine du pape, elle n'avait pas

une nature maligne et propre au
crime. Elle était plutôt douée de qualités douces, et tenait surtout des Borgia le
caractère aimable qu'ils mêlaient à tous leurs
forfaits. Livrée à elle-même et vivant dans un
autre milieu, elle eût été une femme peut-être plus
vertueuse que la plupart des dames nobles de
l'époque. A la fin de sa vie, quand elle fut l'épouse
d'Alphonse d'Este, elle prouva par une conduite
exemplaire qu'elle était faite pour une existence meil-
leure. Mais, fille d'un Alexandre VI et sœur d'un
César, nourrie dans le commerce de criminels et
habituée dès l'enfance à voir respecter leurs crimes,
elle ne pouvait s'opposer bien efficacement aux
mœurs de son entourage. D'ailleurs, même avec des
instincts plus purs, elle n'aurait pas eu le courage de
les suivre; car elle manquait de volonté. En cela
elle ne ressemblait guère aux autres membres de sa
famille. La vérité sur elle semble être qu'elle avait
quelques vertus, mais ce défaut capital de n'avoir
pas de caractère. Les Borgia, au contraire, n'avaient
que des vices, mais pas un défaut. Aussi elle était
facilement la proie de ces gens forts, qui abusèrent
de sa faiblesse au point de la rendre, non seulement
témoin impassible, mais encore complice résignée
de leur scélératesse.

A ce moment, au reste, Lucrèce n'avait que dix-
sept ans, et César n'était pas embarrassé pour mener
comme il voulait cette enfant sans résistance. Il se
contenta de lui raconter que le duc de Gandie avait
été assassiné par ordre de plusieurs maris jaloux, et
que sa mort avait rendu malheureuse plus d'une
dame romaine. Il ajouta que Lucrèce, en restant plus
longtemps au couvent, donnerait du corps au bruit
qui courait qu'elle faisait pénitence de ses relations

DE CÉSAR BORGIA.

avec son frère. En dernier lieu, il
déclara qu'il était plein d'indulgence
pour une bouderie, mais qu'il finirait par
perdre patience devant une mauvaise volonté
récalcitrante. Selon son habitude, il avait dit
cyniquement à Lucrèce tout ce qu'il savait de
honteux sur elle, il lui avait montré qu'il tenait les
secrets les plus terribles pour elle, il lui avait parlé
des droits qu'il avait sur la conduite de celle qui lui
appartenait par des liens incestueux, et il l'avait
terrorisée. Elle se sentait toute petite fille en face du
dominateur, et ses dernières velléités de résistance
ne tinrent pas contre la volonté nette et brutale de
son frère. Elle sortit du couvent de San-Sisto et
rentra au Vatican.

Madame Vannozza, instruite par César de tout
ce qui s'était passé entre le pape et lui, quitta le deuil
et le fit quitter à toute sa maison, défendit qu'on
prononçât jamais devant elle le nom du duc de Gandie, et proposa de célébrer par une grande fête la
concorde qui unissait la maison des Borgia. César et
le pape trouvèrent qu'une fête chez Vannozza n'était
point suffisante, et le saint-père voulut se charger
lui-même de cette réjouissance de famille, pour affirmer plus hautement son approbation.

On organisa une partie de chasse à Ostie, où l'on
n'emmènerait que les amis les plus intimes, ceux
devant lesquels on pouvait se livrer à toutes les fan-
taisies, et qui étaient les spectateurs et les serviteurs
habituels des débauches papales. La bande de ces
courtisans avait à sa tête les deux cardinaux Gior-
gento et Pérugia, créatures d'Alexandre VI, et qui
auraient craché sur le crucifix, tué leur femme, pro-
curé leur mère, pour faire plaisir au souverain pontife. César, toujours plus en garde que son père et

moins désireux de confidents, ne
se fit accompagner que de Miguelotto
et d'Ali, qu'il voulait avoir toujours sous la
main. Le Pinturicchio, peintre ordinaire de la
cour, emporta ses cartons pour prendre des
croquis de la fête. Jofré vint avec sa femme dona
Sancia. Madame Vannozza, Lucrèce et la princesse
de Squillace étaient les trois seules dames invitées.
On ne comptait pas comme des femmes douze courtisanes qui devaient simplement servir de comparses
au divertissement. Le cortège sortit de Rome en magnifique ordonnance, composé de litières aux rideaux
fermés, de mules chargées en provisions, en vins
rares, en vaisselle précieuse, le tout escorté par six
cents fantassins et cinq cents cavaliers.

La chasse dura quatre jours, entremêlée de fes-
tins sous bois, de promenades en mer, de concerts
et de danses. Mais ce fut la dernière nuit surtout que
la fête éclata dans toute sa splendeur orgiaque.

On était dans la grande salle du château d'Ostie,
toute tendue de tapisseries nouvelles où l'on avait
reproduit les tableaux obscènes du Pinturicchio. La
table en mosaïque était encombrée de fleurs, de fruits,
de venaison fumante, de ragoûts épicés à la mode
napolitaine, de sucreries compliquées et de plats exo-
tiques. Les vins avaient été décantés des fiasques
dans de merveilleux flacons en cristal, les uns polis
et nus, les autres à facettes éblouissantes, d'autres
enjolivés de filigrane de Venise. Il y avait des vins
italiens et des vins étrangers. Le Capri rouge et blanc
se versait au moyen de deux buires entrelacées et se
mélangeait en tombant dans les coupes. Le vieux
Falerne épais laissait comme une glu noire aux gou-
lots. La Moscatelle d'Asti moussait en s'échappant des
bouteilles et inondait la mosaïque de ses froufrous

capiteux. Le Lacryma-Christi répandait une odeur de soufre qui rappelait sa terre natale, la lave du Vésuve. A travers les diamants du cristal, on voyait scintiller l'ambre des vins de Sicile et de Grèce, miroiter le velours des vins d'Espagne, et flamber le sang des vins de France. Le bruit des vaisselles choquées, des coupes brisées, des flacons répandant leurs sanglots, des plaisanteries et des rires jetés au vent de l'ivresse, était doucement accompagné en sourdine par un orchestre de violes, de rebecs, de flûtes et de harpes caché derrière un rideau de feuillage. Le service était fait par douze pages et les douze courtisanes, tous absolument nus. La salle s'illuminait d'un lustre énorme, qui pendait comme un soleil dans l'air plein de parfums, de chansons et de lumière. A la fête présidait Alexandre VI, assis sur un fauteuil plus élevé que les autres, et qui buvait dans un saint ciboire.

— Par la mort-Dieu! dit César d'une voix éclatante pendant un moment d'accalmie, voilà que les serviteurs et les servantes n'ont plus rien à faire et nous regardent les bras croisés. Tous les vins sont sur la table et les buveurs ne vont pas tarder à aller dessous. Donnons-nous un peu de mouvement pour digérer. L'École de Salerne a dit : *Post prandium stabis aut mille passus meabis.*

Et, se levant, il enlaça une courtisane de son bras droit, un page de son bras gauche, et les assit tous deux sur ses genoux en leur appliquant sur la joue deux baisers sonores.

— C'est la diane de l'amour, ajouta-t-il, que je sonne avec la trompette de mes lèvres.

Ce fut le signal d'une débauche nouvelle. En un instant les courtisanes et les pages eurent pris place autour de la table, mêlant leurs chairs blanches aux chatoiements de la soie et du velours, appuyant leurs têtes sur l'épaule des convives, mangeant à la becquée le reste des plats, les fruits, les sucreries, vidant les coupes entamées. Il y eut des batailles de mains tendues vers les friandises, de bouches se baisant au goulot d'un flacon, de gorges froissées l'une contre l'autre dans des étreintes imprévues.

— Que personne ne bouge, dit soudain le Pinturicchio. Quel tableau merveilleux ! Quelques moments de patience et je vais noter mon ensemble.

— Es-tu fou ? riposta César. Tu veux donc me faire étouffer ?

Il disparaissait en cet instant sous une grappe humaine, noyé dans les bras, les poitrines, les chevelures de trois femmes et de deux pages qui se vautraient sur lui. Il semblait nager dans des vagues de satin vivant.

— Au lieu de cela, fit-il en se dégageant, arrangenous plutôt toutes ces jeunesses en groupes comme tu sais les faire. Si habile que soit ton pinceau, tu ne rendras jamais le spectacle de ces corps frémissants. Contente-toi de les disposer avec art, et sers-toi des couleurs que te donne la nature.

Le Pinturicchio ne se fit pas prier, et improvisa avec ces vingt-quatre nudités admirables un tableau vivant et obscène devant lequel tout le monde se pâma.

Doué d'une imagination féconde en ces matières, il tint à honneur de trouver autant de dispositions différentes qu'il y avait de personnages, et par vingtquatre fois il fut applaudi, tant il avait l'art de combiner les postures. On se récriait d'enthousiasme devant les arrangements ingénieux, qu'il variait spi-

rituellement, offrant aux yeux
tantôt un spectacle grotesque, tantôt
un entassement tumultueux et grandiose,
toujours un tableau composé pour exciter les
désirs et allumer dans les sens les plus blasés
les feux les plus lubriques.

— Tout cela n'est rien, fit-il, comme on le
félicitait. Monseigneur César a fort bien dit tout à
l'heure que l'art était impuissant comparé à la nature.
Vous allez en avoir la preuve. Au lieu de chercher
moi-même les postures, je vais les laisser trouver
par le hasard.

Il imagina alors le jeu qui devait plus tard faire
le plus bel amusement de la cour papale sous le nom
de « jeu des chandelles ».

Les douze courtisanes prirent chacune entre leurs
dents une chandelle de cire, et se mirent à marcher
à quatre pattes. Chacune était suivie d'un page dans
la même attitude, et qui devait chercher à éteindre
la chandelle. Ceux qui réussiraient devaient, séance
tenante, et de la façon qu'ils voudraient, se payer en
nature sur la vaincue.

Ainsi que le Pinturicchio l'avait prédit, le spectacle fut plus étonnant et plus imprévu encore que
celui des tableaux préparés. C'étaient des courses
folles, des contorsions étranges, des chutes à faire
mourir de rire.

Il y eut dans un coin une poussée et un mélange
de dix corps entrelacés, avec des jambes et des bras
sortant du tas sans qu'on sût à qui ils étaient,
avec des cris jetés par ceux ou celles que brûlaient
les gouttes de cire ou la flamme, avec des gestes
et des sursauts bizarres et voluptueux, dans un
grouillement que l'imagination la plus dépravée
n'aurait pu concevoir et que le hasard seul avait

produit. On eût dit un morceau
du chaos en proie au rut.

— Bravo! Bravo! hurlait Alexandre VI,
qui en ce moment pressait contre sa poitrine
la tête mignonne de Lucrèce.

Lucrèce leva sur lui ses deux grands yeux
d'un bleu sombre qui luisaient comme deux saphirs
dans le soleil, et le pape la baisa sur la nuque, sentant monter en lui le feu de l'inceste. Il était
pourpre. Lucrèce, à moitié ivre, s'abandonnait. Sa
peau blanche était frémissante. A ses tempes per-
laient quelques gouttes de sueur semblables à des
diamants. Ses narines roses comme un coquillage
palpitaient et humaient l'air plein de senteurs aphro-
disiaques. Ses longs cheveux roux dénoués se dérou-
laient en boucles d'or vivant et paraissaient des
serpents aux reflets fauves qui enlaçaient la robe
blanche du saint-père et voulaient pénétrer dessous
pour lui mordre le cœur.

— Holà! holà! cria fortement César, qui n'avait
point perdu son sang-froid, et qui voyait que son
père allait perdre la raison. Soufflez toutes les chandelles, et qu'on s'écarte de la table!

On recula instinctivement vers les murs, tous,
même le pape réveillé par cette voix terrible. Alors
César sauta d'un bond sur la table, tira son épée, se
dressa sur la pointe des pieds, et d'un coup trancha le
câble qui soutenait le lustre. La masse énorme tomba
en se brisant et en fracassant les flacons, les coupes,
la vaisselle. Il y eut un grand cri et une soudaine
obscurité.

Puis un profond silence plana un moment dans la
salle pleine de nuit. On ne savait ce que voulait César. Tout à coup, on l'entendit pousser un éclat de
rire et crier :

DE CÉSAR BORGIA.

— Assez de plaisir pour les yeux !
Que la musique fasse un charivari
pour couvrir le rugissement de nos amours.
Gloria tibi, Domine!

Et, sautant dans l'ombre vers son père, il
lui dit tout bas :

— Allons, vicaire de Dieu, consomme le saint
sacrifice. C'est moi qui sers la messe.

TABLE DES CHAPITRES

ACHEVÉ D'IMPRIMER

A PARIS

Sur les presses typographiques et en taille-douce

De l'ancienne MAISON QUANTIN

AUX FRAIS DES SOCIÉTAIRES

de

L'ACADÉMIE DES BEAUX-LIVRES

SOUS LA DIRECTION EXCLUSIVE

de

M. OCTAVE UZANNE

Président fondateur

Ce vingt-cinq novembre mil huit cent quatre-vingt-dix

ACADEMIE · DES · BEAUX · LIVRES ·
BIBLIOPHILES CONTEMPORAINS
IN TEMPVS ET ANTE
ACADEMIE DES BEAUX·LIVRES